CHARLES V. EMPEREUR D'OCCIDENT,

ROI D'ESPAGNE, DES INDES, &c.

instruction de l'Emper Charles V a philippe II son fils
traduit édit. liege du foer 1788 8º pag 83. 2 fig.

cette instruction contient de très bonnes leçons, des vues fur
et experimentales fur les differens branches de l'administra
tion politique et civile. Celt inutilement que l'éditeur
fa peine de justifier charles V fur une ou deux maxim
qui ne paroiffent pas trop bien afforties a la morale ch
tie. Comme il y a toute apparence que ce prince n'a rie
dit de tout ce que renferme cette instruction, ces maxim
ne lui appartiennent pas plus que le reste.

       Journ de licç 1788 i Mars pag 325

...trait d'une lettre de Bruxelles, écrite au rédacti...
...urnal de Luxembourg, inséré dans ledit journa...
...mars 1788 pag. 334 &c

...Details interessans que j'ai trouvés touchant
...e Cassander dans votre journal du 15 8bre 1787
...286, me font venir la pensée de vous envoie...
...age suivant qui s'accorde parfaitement avec c...
...vous avez dit de cet ecrivain fameux. Je le copie...
...lement dans l'ouvrage intitulé: Friderici Reiff...
...ii e societate jesu presbyteri historia ecclesias...
...ad Rhenum inferiorem tom 1. col aggripp: apua...
...use: Wilhelmi: Jos: Mitternich 1764 fol.
...120. XXVII. Lassus demum errorem ipse est ca...
...er et vela vertit colonia aggrippine &c &c a...
            journal de Lux 1 mars 1788 pag 334 &c

INSTRUCTION

DE

L'EMPEREUR

CHARLES V

A

PHILIPPE II

SON FILS.

NOUVELLE ÉDITION.

A LA HAYE.

M. DCC. LXXXVIII.

AVERTISSEMENT.

IL eſt ſûr que la plupart des maux de
la Société Civile , & que les plus grandes
calamités des Etats , procedent de l'i-
gnorance & de la méchanceté des Princes qui les gouvernent , & de ce qu'ils
s'abandonnent à des paſſions honteuſes ,
& criminelles.

Leur ambition leur met les armes
à la main pour acquérir de nouvelles
Provinces , aux dépens du bien & du
ſang de leurs ſujets. Leur avarice les
porte à les appauvrir par des ſubſides
exceſſifs.

Leur vanité les engage à faire un
mauvais uſage de leurs richeſſes , au lieu
de les employer à récompenſer le mérite , le ſavoir , & la vertu. Leur injuſ-
tice fait une infinité de miſérables ; elle
dépouille les uns des biens qui leur
appartiennent légitimement , & prive

a

les autres des récompenſes qui leur ſont dues. Leur impiété ſe répand ſur tous leurs ſujets, & les infecte de toutes ſortes de vices. Leur incapacité eſt cauſe qu'ils ſe déchargent du fardeau du Gouvernement ſur leurs Miniſtres & ſur leurs Favoris, dont la plupart faiſant un mauvais uſage de leur pouvoir, n'ont en vue que l'agrandiſſement de leur Maiſon, & l'établiſſement de leurs créatures.

Au lieu qu'un Prince habile, ſage & pieux, fait fleurir la paix, la tranquillité, la concorde, le négoce, les arts, les ſciences & la vertu dans ſes Etats, & en chaſſe les vices, les ſcandales, le libertinage, le luxe, les débordements, les excès, & les débauches; il épargne également le ſang & le bien de ſes Peuples, & il leur communique ſa piété, chacun s'efforçant à l'envie d'imiter l'exemple du Souverain.

C'eſt pourquoi, l'Ecriture-Sainte, lorſqu'elle menace les Juifs d'un des plus grands fléaux dont ils pouvoient être affligés, leur dit, que Dieu leur donnera des enfants pour Rois.

Ainſi il importe infiniment pour le bien public, que l'on prenne tous les ſoins poſſibles pour former les jeunes Princes à la vertu, & pour orner leur eſprit de toutes les connoiſſances qui leur ſont néceſſaires.

Pour cet effet, on doit leur donner des Gouverneurs qui ſe diſtinguent, non-ſeulement par l'ancienneté de leur Nobleſſe, par l'éclat de leur Maiſon, qui leur inſpire d'ordinaire des ſentiments nobles, grands, & héroïques, & par le rang ſublime qu'ils tiennent dans l'Etat, mais ſur-tout par leur ſageſſe, par leur capacité, & par leur piété ; & il faut qu'on cultive de bonne heure ces jeunes plantes, pour les rendre capables de porter tous les fruits qu'on peut attendre d'une bonne éducation.

Plusieurs Auteurs ont donné aux Souverains les leçons dont ils ont befoin pour fe rendre habiles dans l'art de regner ; & nous avons un grand nombre d'Ouvrages où l'on a compris les regles de la politique & tout ce qu'un Prince doit favoir pour gouverner fes fujets avec gloire & avec fuccès.

Mais les meilleures Inſtructions qu'on ait publiées, fur une fi importante matiere, font celles qui ont été compofées par les Princes mêmes, & furtout par ceux qui ont furpaffé autant les autres Souverains par leur capacité & par leur lumieres, qu'ils étoient au deffus des autres hommes par leur puiffance & par leur grandeur.

Ceux qui excellent dans quelque Art, font plus propres à en difcourir, & à en enfeigner les maximes, que ceux qui fe mêlent d'une fcience dont ils ne font pas profeffion.

Jamais perfonne ne donna. de fi bons avis pour réuffir dans l'art Oratoire, que le Pere de l'Eloquence latine. Jamais Hiftorien ne décrivit avec plus de juf- teffe & d'exactitude des exploits guer- riers, que Jules-Céfar réprefente les fiens dans fes incomparables Commen- taires.

Il n'y a point d'Ouvrage qui foit plus propre à retenir les Souverains dans leur devoir, que celui qui a été fait fur ce fujet, par un Prince (1) du Sang Royal de France, qu'on a appellé avec raifon le Catéchifme des grands, & qui a été fi bien reçu des Connoif· feurs qu'on en a fait diverfes Editions, & qu'on l'a traduit en plufieurs langues.

L'Inftruction de Charles - Quint à Philippe II fon fils , qu'on donne main- tenant au Public, peut-être regardée

---

Le Prince de Conty , qui étoit Gouverneur du Languedoc.

comme un Chef-d'Œuvre en son espe-
ce. Elle contient une Politique si juste
& tant de belles maximes, qu'on a
cru qu'il seroit agréable à tous ceux
qui la liront de voir les efforts que
fit cet Empereur pour contribuer, même
après sa mort, au bonheur de ses sujets
en général.

Il est vrai qu'il s'y trouve une ou
deux maximes qui ne conviennent pas
avec celles du Christianisme, quoiqu'elles soient suivies par la plupart des
Souverains.

Mais les Lecteurs qui y feront atten-
tion, remarqueront ce qu'elle a de
contraire à la Morale Chrétienne, &
la distingueront des autres qui ne con-
tiennent rien que de juste.

Ils verront qu'un Prince Chrétien
ne doit pas suivre le Conseil de Charles-Quint, qui veut qu'on tienne ses
Amis & ses Alliés dans une grandeur
médiocre, & qu'on seme la discorde
parmi ses voisins.

L'art de la guerre s'étant extrêmement perfectionné depuis le tems de
Charles-Quint, les avis qu'il donne fur
cette matiere ne peuvent fe pratiquer
préfentement. Mais cependant ils ne
laiffent pas d'avoir leur utilité & de
faire connoître comment on combattoit
dans les fiecles paffés.

L'Empereur Charles-Quint a été un
des plus grands & des plus habiles Princes de la Maifon d'Autriche : fes defcen-
dans ont confervé avec beaucoup de
foin cette Inftruction, qui eft fans contre-
dit un Ouvrage de fa façon. Il a confervé dans fes Archives & dans fa Biblio-
theque diverfes copies, l'une defquelles
tomba entre les mains de la Reine
Chriftine avec un grand nombre d'autres manufcrits très-rares & très-curieux.

Quelque tems après l'occafion de
les acheter fe préfenta : malgré la
chereté, un curieux ne fut pas jaloux
d'enfouir cette rareté ; il la commu-

niqua à un Traducteur, qui s'amufa à la rendre de l'Italien en François, & on ne tarda pas à la multiplier par la voie de l'Impreſſion.

INSTRUCTION

PHILIPPE ·II· ROY D'ESPAGNE

INSTRUCTION

DE

CHARLES V

A

PHILIPPE II,

SON FILS.

J'Ai résolu, mon très-cher Fils, de remettre entre vos mains la Souveraineté de mes Etats, comme je vous ai dis plusieurs fois que j'en avois formé le dessein. C'est pourquoi vous donnerez les ordres nécessaires, afin qu'au premier jour je le fasse en public, avec les Cérémonies & les Solemnités requises dans de semblables occasions. Vous ferez aussi expédier *incessamment* les provisions des Gouverneurs des Provinces, afin que tant eux, que les Peuples & les Magistrats, vous reconnoissent pour leur Souverain, & vous rendent l'obéissance qui vous est due. Il faut

A

de plus que les Généraux des Armées, & les Commandans des Places fortes, vous prêtent ferment de fidélité ; & qu'ils fachent qu'à l'avenir ils doivent dépendre entiérement de vous.

Comme le nombre des Princes qui fe font dépouillés de la fuprême puiffance, pour en revétir leurs Succeffeurs, eft fort petit, vous devez inférer de là, combien grand eft l'amour que je vous porte, combien je fuis perfuadé de votre bonté, & combien je defire votre agrandiffement, puifqu'au lieu de demeurer dans la poffeffion de la Souveraineté de mes Etats, jufqu'à la fin de ma vie, comme font prefque tous les autres Princes, j'aime mieux imiter des exemples fi rares, & que de Souverain je me réduis à la condition de fujet.

Certainement, il y a beaucoup moins de gloire à conquérir des Provinces, & à affujettir des Royaumes par la force des armes, qu'à fe vaincre foi-même, & fur-tout qu'à furmonter l'ambition de dominer, pour fe mettre en état d'obéir. C'eft à quoi l'amour-propre s'oppofe de tout fon pouvoir, confidérant d'un côté, le plaifir que l'on goûte en commandant, & de l'autre, la rigueur des Loix auxquelles on fe foumet, lorfqu'on renonce à la fouveraine Autorité.

Outre que cette même paffion tâche d'offufquer les lumieres de notre entendement, en lui repréfentant l'extrême différence qu'il y a entre ceux qui font deftinés à juger les autres ; & ceux dont la fortune dépend du jugement d'autrui, qui souvent est injuste, soit par intérêt, ou par corruption.

Cependant l'amour paternel, & mon devoir ont prévalu à toutes ces raisons ; car voiant que j'étois dans un âge avancé, que mon corps étoit usé par les fatigues , & travaillé de diverses incommodités , que mon esprit étoit rassasié de gloire. Et considérant d'ailleurs, qu'à cause de mes occupations continuelles, je n'ai pu m'acquitter de ce que la Religion Chrétienne exige de moi, j'ai cru que je devois me détacher des liens de ce monde, & me confiner dans quelque retraite, pour y mener une vie religieuse. D'autre part je m'y suis aussi porté par la considération de votre âge, qui est mûr pour la conduite d'un Etat, & par la bonne opinion que m'a donné de vous la prudence que vous avez fait paroître dans le Gouvernement de l'Espagne.

Tous ces motifs m'ont déterminé à mettre sur vos épaules ce pesant fardeau, & en décharger les miennes, qui sont foibles & lasses de l'avoir porté si long-temps , ne doutant pas que les peuples que vous avez conduits avec tant de sagesse, ne me rémercient d'avoir pris cette résolution, & n'en rendent en même temps leurs actions de graces à Dieu.

Il faut maintenant, mon très-cher Fils, qu'avec la même tendresse , & le même amour paternel , qui m'a porté à vous céder le Gouvernement de mes Etats , je vous exhorte d'avoir, fur toutes chofes, devant les yeux la crainte de Dieu, & fon faint fervice.

Vous devez auffi avoir beaucoup de refpeɛt pour celui qu'il a établi fon Vicaire fur la terre, & défendre de tout votre pouvoir la fainte Eglife, & la foi Catholique; comme auffi tâcher d'infpirer les mêmes fentimens, & la même dévotion à tous vos fujets.

Souvenez-vous toujours que pour remédier à la briéveté de notre vie fragile & mortelle, il faut acquérir une bonne réputation, par des aɛtions louables, qui feront vivre votre Nom après votre mort : à quoi rien n'eft plus capable de vous animer, que de confidérer la vertu, la grandeur, & la gloire de vos prédéceffeurs; étant certain que la fplendeur qu'ils répandent fur vous, eft comme un flambeau qui découvrira à tout le monde vos aɛtions bonnes ou mauvaifes. Si elles répondent à l'éclat de votre nobleffe, elles rendront votre Nom illuftre & immortel; mais fi elles font indignes de vous, & de vos Ancêtres, elles vous couvriront d'un opprobre éternel !

Outre que fi vous ne fuivez pas leurs traces, & que vous n'imitiez pas leur valeur, & leur vertu, vous ternirez en quelque maniere le luftre de leur gloire, & vous me cauferez un chagrin & un répentir, qui fera capable de remplir d'amertume tous mes plaifirs, & de me faire paffer le refte de mes jours, dans une affliɛtion & une douleur extrême.

En effet, si vous teniez une conduite si blâmable, ne diroit-on pas avec quelque apparence de raison, que ce n'est ni la foiblesse de mon âge, ni le dégoût du monde, ni la bonne opinion que j'ai eu de vous, ni l'espérance que j'avois que vous gouverneriez bien mes Etats, & que vous feriez la félicité de mes sujets, mais seulement mon propre intérêt, qui m'a obligé à me décharger de la Souveraineté : au lieu que si vous êtes tel que vous devez, & que je me promets que vous serez, outre qu'on me donnera la louange d'avoir fait un bon choix, vous me ferez jouir en ce monde d'un bonheur presque parfait; & même il me semblera qu'après ma mort, je vivrai en vous, si vous êtes digne du Nom de mon Fils, & si vous voulez être un grand Prince.

Je n'insisterai plus là-dessus, & je crois qu'il n'est pas nécessaire que je m'attache à vous exhorter d'imiter la conduite que j'ai tenue pendant le cours de ma vie, laquelle j'ai presque toute passée dans des entreprises difficiles, & des occupations pénibles, pour la défense de l'Empire & pour la Propagation de la sainte Foi de Jesus-Christ, & pour maintenir mes peuples dans le repos, & dans la sûreté. Je vous dirai seulement, que comme au commencement de votre regne les deux avantages que vous avez d'avoir été engendré de moi, & de me ressembler de visage, vous gagneront, si je ne me trompe, l'amour de vos sujets; il faut aussi que de votre côté vous les traitiez si bien, que dans la suite vous n'ayez pas besoin que le souvenir qu'ils auront de moi contribue à vous conserver leur affection.

Ne vous imaginez pas, mon très-cher Fils, que le plaisir de commander à tant de peuples, & la licence qui flate les sens des Souverains, ne soit mêlée d'aucune amertume, & ne soit accompagnée d'aucune sujétion. Si l'on savoit ce qui se passe dans le cœur des Princes, on verroit que les soupçons & les inquiétudes dont sont agités ceux qui ont une conduite déréglée, les tourmentent & la nuit & le jour, & que ceux qui gouvernent leurs Etats avec sagesse & avec prudence, sont accablés de divers soucis qui ne leur donnent aucun repos.

Et véritablement si l'on pese avec une juste balance, d'un côté, les prérogatives, & les prééminences de la Souveraineté, & de l'autre, les occupations où elle les engage, on trouvera que c'est une source de chagrin, plutôt que de joye, & de plaisir. Mais cette vérité a une si grande apparence de mensonge, qu'il n'y a que l'expérience qui puisse la rendre croyable.

Il faut que vous sachiez, que la charge de la conduite des Etats que je mets aujourd'hui sur vos épaules, est plus pesante que celle du Gouvernement de l'Espagne, qui est un Royaume d'une succession ancienne, ferme, & assurée ; au lieu que l'acquisition des Etats de Flandre, d'Italie, & des autres

Provinces dont vous entrez en poſſeſſion, eſt plus nouvelle, & qu'ils ſont expoſés à plus de troubles & de changemens, ſur-tout parce qu'ils ont pour voiſins des Princes puiſſans & belliqueux.

Outre que le grand nombre & la vaſte étendue de ces Etats, & de ces Royaumes, augmente les ſoins & les ſoucis de celui qui les gouverne, & que pour ſi peu qu'on ajoute à un juſte fardeau, on accable celui qui le porte, de même qu'un aliment ſuperflu ne peut que cauſer de l'indigeſtion dans un eſtomac, qui a pris une nouriture ſuffiſante.

Ce n'eſt pas une petite marque d'habileté, de bien conduire un petit Etat ; mais c'eſt une choſe qui ſemble paſſer les forces des hommes, d'en bien gouverner pluſieurs, comme il eſt impoſſible d'exécuter avec ſuccès, deux diverſes entrepriſes dans un même temps.

Si chaque Navire doit avoir ſon Pilote, & chaque Armée ſon Général, à plus forte raiſon eſt-il néceſſaire que chaque Royaume ait ſon Roi. Mais l'avidité des hommes les a portés dans de ſi grands excès, & a tellement paſſé les juſtes bornes, dans leſquelles ils devoient ſe contenir, que plus on poſſede de biens, plus le deſir d'en poſſéder davantage s'accroît. On regarde même comme une lâcheté, & comme une baſſeſſe de cœur, non-ſeulement d'abandonner le ſuperflu qu'on a acquis, mais auſſi de ne pas employer toutes ſortes de moyens pour faire tous les jours de nouvelles acquiſitions.

Mais parce qu'à cet égard la raison est toujours furmontée par l'amour-propre, & que dans l'âge où vous êtes, on a le cœur tout plein d'ambition, je ne vous ferai pas un long difcours pour vous perfuader une chofe contraire à ce qui fe fait ordinairement. J'excuferai même cet abus, fur ce que tous les hommes, ou du moins la plupart, & fur-tout ceux qui paffent pour les plus généreux & les plus magnanimes, agiffent de cette maniere, toutes les fois qu'ils en ont l'occafion.

Cependant, je vous prie très-inftamment, de réparer en quelque façon cette faute, en vous propofant toujours une bonne fin, favoir de bien gouverner vos fujets; ce qui vous méritera beaucoup de gloire devant les hommes, & vous attirera la bénédiction du Ciel.

Pour cet effet, penfez que le Prince eft comme un miroir expofé aux yeux de tout fes fujets, qui le regardent continuellement, comme le modele auquel ils fe doivent conformer, & qui par conféquent, découvrent fans peine fes vices, & fes vertus. Ainfi un Prince quelque habile, & quelque adroit qu'il puiffe être, ne peut pas efpérer de leur cacher fes actions, & fes démarches. Que fi pendant fa vie, il peut leur fermer la bouche, & empêcher qu'ils ne publient fes déréglemens & fes excès, après fa mort, ils en feront paffer la mémoire à la poftérité.

Tenez donc une conduite fi jufte, & fi

réglée envers vos peuples, que voyant le soin que vous prendrez de les bien gouverner, ils se reposent entiérement sur votre prudence, & s'assurent sur votre valeur ; & de cette maniere, il se formera entre vous & eux une affection & un amour réciproque.

Souvenez-vous toujours , que le Souverain doit veiller continuellement pour le salut & le repos de ses sujets, comme le Berger pour la sûreté de son troupeau , & le pere de famille , pour tous ceux qui sont soumis à sa conduite.

Tous les soins que le Prince doit prendre de ces Etats, regardent ou le temps de la paix , ou celui de la guerre ; & toutes les actions des hommes se rapportent à ces deux temps. C'est pourquoi , l'on dit avec beaucoup de raison , qu'un Prince doit être muni d'un bon Conseil & d'une sage prévoyance pendant la paix , & qu'il doit être armé pendant la guerre ; & comme les Souverains pendant la paix doivent s'appliquer entiérement à procurer le repos de leurs peuples , il faut aussi que pendant la guerre ils travaillent à les mettre en sûreté ; ce qui ne peut que causer le bonheur de ses sujets , & allumer dans leur cœur une sincere & forte affection pour le Prince.

Il est certain , que les peuples se soumettent plus volontiers à l'Empire de leur Prince , lorsqu'il les tient sous un dur esclavage & que par l'amour on tire plus de services d'eux , que par la violence. J'avoue que la puissance qui est fondée sur la douceur du Souverain eſt moins abſolue, que celle qui ne ſubſiſte que par la crainte ; mais il faut tomber d'accord, qu'elle eſt plus ferme & plus durable.

La crainte tient en bride les ſujets, & les rend plus ſoumis aux volontés de leur Prince ; mais ce n'eſt que juſqu'à ce qu'il ſe préſente une occaſion de ſecouer le joug de la rigoureuſe ſervitude ſous laquelle ils gémiſſent, & qu'ils trouvent un appui qui ait la force de les détendre, & de les empêcher d'y retomber à l'avenir. La haine que cette crainte produit les oblige à tenter toutes ſortes de voyes, & à s'expoſer aux plus grands dangers, pour ſe mettre en un meilleur état.

Il ſemble à quelques-uns, que pour avoir un empire plus abſolu ſur ſes ſujets, on doit les tenir dans la pauvreté ; mais ſuivant mon opinion, c'eſt une très-grande erreur ; car dès qu'ils eſpèrent de vivre plus commodément ſous la dominatoin d'un autre, ils embraſſent ce parti avec une joye extrême.

Je ne voudrois pas non plus qu'on les occupât à des travaux bas & pénibles, pour les détourner de penſer à des nouveautés ; car outre que par ce moyen on abat leur courage, on les met dans la néceſſité de deſirer quelque changement, pour ſe procurer du repos ; & comme la fin que l'on ſe propoſe, lorſqu'on veut donner de la crainte eſt blâmable, les moyens dont on ſe ſert pour y parvenir le ſont auſſi.

Qu'il ſoit beaucoup plus louable de ſe faire aimer par ſes ſujets, que de ſe faire

craindre, il paroît par les caufes qui produifent ces deux effets. Celles de l'amour, font
les bienfaits, les bons traitements & la juftice,
qui font des chofes dignes de louange ; &
celles de la crainte, font les infultes, les traitemens rigoureux, & les injuftices, qui font
des chofes qui méritent le blâme de tout le
monde. Or il eft conftant, que l'effet qui eft
la fuite néceffaire d'une caufe, eft de même
nature qu'elle.

D'ailleurs, l'Autorité qui eft fondée fur
l'amour eft beaucoup plus ferme & plus
folide, bien qu'elle foit plus modérée ; au
lieu que celle qui n'eft appuyée que fur la
crainte eft beaucoup moins durable, bien
qu'elle foit plus abfolue.

La même chofe fe juftifie par la difpofition
des fujets ; car l'amour de leur Souverain
répand dans leur cœur la joye, la confiance,
un amour réciproque, & un zele refpectueux;
mais la crainte fait naître les foupçons, la
défiance, le chagrin, & la haine. C'eft pourquoi, l'on dit que l'amour regne parmi les
parens, & la crainte parmi les ennemis.

Il y a trois vertus (outre l'amour de la
Religion) qui gagnent le cœur des fujets,
la foi, la continence & la juftice. La foi rend
le Prince integre, & le porte à tenir fa pa-
role ; car s'il ne le faifoit, qui eft-ce qui fe
fieroit à lui, & qui pourroit compter fur fes
promeffes.

La continence lui attire le refpect de fes
peuples, & les excite à imiter fon exemple.

D'ailleurs, elle le met en état de réprimer & de corriger leurs vices, & leurs dérégle-ments; ce qu'il ne pourroit faire sans rougir, s'il étoit lui-même digne de censure & de blâme.

La justice lui apprend à récompenser les bons, à punir les méchans & à traiter cha-cun suivant qu'il le mérite. La justice con-tient les peuples dans le devoir par la crainte des peines qu'elle fait souffrir aux criminels, & elle les encourage à la vertu par les ré-compenses qu'elle distribue à ceux qui en font dignes. Elle met en sûreté leur honneur, leur bien, & leur vie: & sans elle, toutes les armes & les forteresses du monde ne seroient pas capables de réprimer les désordres, & de maintenir la tranquillité dans l'Etat.

Il faut donc que la justice & l'honnêteté prévaillent auprès de vous à toute autre considération, & que dans vos Etats, on fasse justice, & qu'on ne la vende pas. Si vous en usez de la sorte, vos sujets seront satisfaits de votre Gouvernement, sur-tout si vous vous appliquez à faire fleurir leur commerce, & s'ils sont convaincus qu'ils ne travaillent pas seulement pour leur Prince, mais aussi pour eux, & pour leur famille.

Il faut de plus que par vos soins il y ait abondance de vivres dans vos Etats, rien n'é-tant plus capable de tenir vos peuples dans une bonne disposition à votre égard. Il vous sera aisé de leur procurer cet avantage, en prévoyant la disette, & en faisant, dans un tems commode, les provisions nécessaires, pour les diftribuer enfuite à vos fujets dans leur befoin, fans en retirer aucun profit, & fans que cette précaution leur foit à charge.

Le Prince eft affez riche, fi fes fujets le font, parce que lorfqu'il fera obligé d'avoir recours à eux, ils lui donneront toujours tout le fecours qu'il leur demandera, comme ayant gagné leur cœur par fes bons traitemens, & lui étant redevables des foins qu'il prend pour les faire vivre dans l'aife & dans l'abondance.

Ces fortes de bienfaits font fi fenfibles à ceux qui les reçoivent, qu'ils ne les oublient jamais ; & dans la néceffité, on eft plus obligé à ceux qui nous donnent une petite affiftance, qu'à ceux qui dans la profpérité nous font des préfens confidérables. D'ailleurs, de tous les biens qu'on nous fait, il n'y en a point qui nous attache fi fortement à nos bienfaiteurs, que ceux qui fervent à l'entretien de notre vie.

Enfin fi un Prince veut être aimé de fes peuples, il faut que de fon côté il les aime, & qu'il penfe que rien n'eft plus capable de gagner leur affection, que la douceur de fon Gouvernement, & le foin qu'il prend de leur repos & de leur fûreté.

En effet, la fujétion étant de fa nature une chofe odieufe, il faut que le Souverain la rende agréable par une bonté paternelle, qui feule eft capable d'affermir fon Empire ; au lieu que la crainte qu'on infpire aux peuples, ne peut que produire de méchans effets, comme il a été dit ci-deffus & que d'ailleurs, elle n'eſt gueres convenable à un Prince Chrétien.

Il ne faut pas au reſte qu'on s'imagine, que les Fêtes & les Spectacles feuls fuffifent pour faire vivre les peuples dans la joye & dans les plaiſirs ; car cela n'arrive, que lorſque ces divertiſſemens leur font donnés par un Prince dont ils ont fujet d'être contens.

Le Prince ne peut pas fupporter les charges du Gouvernement, fans impofer fur fes fujets des tributs, pour fournir aux dépenfes où il eſt engagé pendant la paix, & fur-tout pendant la guerre. Mais il ne doit exiger d'eux des fubfides qu'avec une jufte modération, laquelle dans toutes les occurrences doit être la regle des actions des hommes, & principalement lorſqu'il s'agit de tirer de l'argent des peuples.

Il eſt même à fouhaiter que l'on ait leur confentement dans ces occafions, parce que la puiſſance de celui qui leur commande eſt fondée là-deſſus. C'eſt pourquoi, on doit obferver une médiocrité raifonnable dans les impofitions, & les lever de gré à gré, quoiqu'il femble qu'il foit plus avantageux de contraindre les fujets à payer de groſſes fommes.

Il eſt vrai que les continuelles occupations que m'ont donné les guerres que j'ai eues fur les bras, m'ont obligé à appefantir à cet égard la main fur mes peuples. Mais je l'ai fait en quelque maniere contre ma volonté.

Or il faut que vous sachiez que le Domaine du Prince, soit particulier, soit public, s'accroît par deux moyens, savoir, en augmentant celui dont il jouit, & en y ajoutant de nouveaux revenus; & c'est à ces deux Chefs que toutes les inventions que les Princes ont employées pour trouver des deniers, se peuvent rapporter.

Il y a aussi deux moyens pour exiger de l'argent, soit de ses sujets, ou des autres, l'un volontaire, & l'autre involontaire. On a des exemples du premier dans la vente des Gabelles, des Offices, & dans les autres aliénations des droits, & des rentes du Souverain. On se sert du second, lorsqu'on impose sur les peuples des Gabelles, & d'autres tributs, sans leur accorder aucune récompense, ni aucun dédommagement.

Le premier moyen est plus doux, parce qu'il n'est accompagné d'aucune contrainte; c'est pour cette raison qu'il faut le préférer à l'autre, & créer plutôt de nouveaux Offices, que de penser à mettre de nouvelles Charges sur le Peuple : & à cause de cela, j'ai souvent résolu de prendre cette voye, pour amasser l'argent dont j'avois besoin; mais diverses considérations m'ont empêché d'exécuter ce dessein, & de faire des Monts à vie comme on le pratique à la Cour de Rome, parce qu'ils apportent un profit prompt au Prince, & que les vacances & les expéditions seules rendent presque autant, que les revenus ordinaires.

Certainement, c'eſt un expédient très-ingé-
nieux, & très-utile au Souverain ; & l'on
en voit manifeſtement l'avantage, puiſque
par ce moyen les nouveaux Papes, quelque
épuiſé qu'ils trouvent le tréſor du Siége Apoſ-
tolique, ont bientôt fait amas de groſſes ſommes d'argent.

Il eſt vrai qu'à la Cour de Rome, il n'y
a pas tant d'inconvéniens à vendre les Offices
de Judicature qu'il y en pourroit avoir ailleurs ; car ceux qui achetent ces Charges,
n'ont pas en vue de ſatisfaire leur avarice,
mais de s'élever par là à de plus grands Emplois. Outre qu'il eſt aiſé de remédier à leurs
injuſtices, en recourant à leurs Supérieurs.

Le ſecond moyen d'exiger de l'argent des
peuples, que nous avons dit être involontaire, eſt de ſoi-même très-odieux. On peut
néanmoins l'adoucir, & le rendre ſupporta-
ble, pourvu qu'on l'excuſe par l'exemple des
voiſins, qui ſont beaucoup plus chargés par
leur Prince.

Il faut auſſi qu'on permette aux peuples
de s'adreſſer au Souverain pour en obtenir
quelque ſoulagement, lorſqu'il y aura lieu
de le leur accorder, & que par des manieres
douces & honnêtes, on tâche de leur faire
ſupporter patiemment les Charges qu'on leur
impoſe, leur inſinuant entr'autres choſes,
les raiſons preſſantes que l'on a de les traiter
de la ſorte.

Ces contributions involontaires ſont, où perpétuelles, comme les Gabelles, les Tailles, &c.

ou paſſageres, comme les Taxes, & les Ca-
pitations. Ces dernieres font plus crier les
peuples que les premieres, parce que d'ordinaire elles font plus grandes, mais ils s'ap-
paifent bientôt, lorſqu'ils penſent qu'elles ne
durent pas long tems, & qu'on en eſt quitte,
en faiſant un ſeul payement. Outre que l'on
n'a accoutumé de les impoſer que ſous prétexte de quelque nouvelle néceſſité.

Les charges perpétuelles font celles qui
fâchent le plus ceux qui les ſupportent ;
mais avec le temps ils s'y accoutument, &
enfin ils s'en accommodent le mieux qu'ils
peuvent : cependant les paſſageres doivent
être préférées aux autres, ſur - tout lorſque
l'Autorité du Prince n'eſt pas bien affermie,
de même qu'il vaut mieux ſe ſervir d'un re-
mede plus fort, mais dont l'effet eſt plus
prompt, que d'une Médecine qui n'opere
que lentement. D'ailleurs, par ce moyen le
Souverain peut remplir ſes coffres tout d'un
coup.

Mais je dois ſur-tout vous avertir de ne
pas charger le peuple de la dépenſe des Officiers & des Exacteurs des Tributs, & d'empêcher qu'ils ne les levent avec violence, &
avec rigueur. Car ces ſortes de charges, &
le mauvais traitement que leur font ces gens-
là, les choquent beaucoup plus, que le
payement des ſommes à quoi ils ont été taxés.
Outre que le Prince n'en retire aucun profit,
& que ſes ſujets étant ainſi épuiſés, ſont moins

B

en état de fournir, dans d'autres occasions, à ses nécessités.

Les revenus ordinaires du Souverain, s'accroissent en augmentant les premieres impositions, en faisant valoir le bien qu'on a abandonné, en améliorant celui qu'on a négligé, en retranchant les dépenses inutiles & superflues, & en diminuant les nécessaires.

Le Prince peut se servir de divers moyens pour augmenter ses revenus ; mais il doit prendre garde de ne pas trop charger le peuple, & sur-tout de ne mettre aucun subside sur les choses que ses sujets sont obligés d'envoyer hors du Pays, comme sur les grains, dans la Sicile, & sur les vins & les soyes, dans le Royaume de Naples, comme aussi sur ce qu'il faut nécessairement que les Etrangers transportent dans ses Etats, pour la subsistance des habitans.

Le Prince doit considérer, que plus les droits qu'il exige sont modérés, plus il vient du dehors des denrées nécessaires aux siens ; car lorsque les subsides ne sont pas considérables, les Marchands font un plus grand profit, en vendant leurs marchandises.

La même raison fait que ses sujets envoyent hors du Pays les choses dont ils peuvent se passer. De cette maniere, ils ont abondance de tout ce dont ils ont besoin, & ils amassent de l'argent par la sortie de ce qu'ils ont de superflu, pour pouvoir plus facilement payer les tributs au Prince, & subvenir à ses nécessités.

A l'égard des chofes qui ne fervent que pour le plaifir, ou pour la commodité, on peut y impofer de plus grands droits, parce que le commun peuple n'en fouffre point, pouvant fe paffer de ces fuperfluités, & que ceux qui ont moyen de s'en pourvoir, ne fe foucient pas de faire quelque dépenfe extraordinaire, pourvu qu'ils puiffent fe contenter.

Lorfque le Prince veut augmenter fes revenus, il faut qu'il le faffe plutôt en limitant & en diminuant le gain des publicains qui les ont affermés, qu'en caufant quelque dommage au peuple; car autrement, ce feroit la même chofe, que fi on le chargeoit de nouvelles impofitions.

On doit auffi donner un temps commode au peuple pour payer les anciens fubfides. Ainfi lorfqu'on en a befoin pour l'Eté, on peut les impofer l'Hiver précédent; parce que ce délai eft une efpece de grace; & il en faut commettre l'exaction aux Officiers ordinaires, & ne pas envoyer des gens exprès pour les lever, parce que ce feroient dés dépenfes odieufes, qui feroient fupportées par le peuple.

Mais comme je l'ai déjà dit, il vaut mieux vendre, ou engager les rentes ordinaires, & avoir recours aux autres voyes volontaires, pour trouver l'argent dont on a befoin dans les preffantes néceffités de l'Etat, que de le faire en épuifant la bourfe des miférables, qui gagnent leur vie à la fueur de leur vifage; car, voyant qu'on leur met des fardeaux infupportables, ils ne peuvent que defirer quelque changement, & que faire tous leurs efforts pour fecouer un joug fi pefant.

Il faut de plus, pour foulager les peuples autant que l'on peut, avoir égard aux Provinces, & aux Pays dont on veut exiger quelque chofe, afin que les habitans puiffent fupporter plus commodément les charges qu'on leur impofe. Dans les lieux d'où le Prince ne peut tirer que des hommes, il ne doit point y lever de l'argent. Vous ne pouvez, par exemple, tirer de l'Efpagne & de l'Allemagne que des hommes, & de la Flandre que de l'argent, mais vous pouvez lever en Italie de l'argent & des hommes.

Lorfque les impofitions font un peu hautes, on doit permettre aux particuliers d'en appeller, afin qu'on puiffe les modérer; ce qu'ils recevront comme une grace, & qui d'ailleurs facilitera la levée des tributs. En effet, les peuples les payeront volontiers, & auront fujet de fe louer de leur Prince, s'il les écoute favorablement, & les renvoye toujours avec quelque fatisfaction, ou du moins, s'il leur donne de belles paroles, leur faifant connoître que la néceffité où il fe trouve l'oblige à les charger de la forte; car il faut que toutes les graces procedent du Souverain, & les chofes odieufes de fes Miniftres.

Il faut auffi que la levée des fubfides fe faffe avec toute la diligence poffible, & que l'argent qui en provient tombe entre les mains du Prince, & tourne à son profit, & non pas à celui de ses Officiers.

Il est nécessaire que le Prince maintienne son crédit auprès des Marchands; ce qu'il pourra faire facilement, en leur payant avec exactitude le Capital & les intérêts dont ils seront convenus. Vous devez sur-tout en user de cette maniere avec les Génois, parce qu'étant engagés avec vos Royaumes, par le moyen de l'argent qu'ils prêteront, ils dépendront de vous, sans que vous soyez obligé de faire une Citadelle dans leur Ville, ce qu'ils ne sauroient souffrir qu'avec une peine extrême. Par là, vous vous rendrez Maître de Gênes, qui est une Place très-importante en Italie, de même que le Roi de France a attaché les Florentins à ses intérêts, par le trafic qu'ils font à Lion.

Et parce qu'il est impossible que les Princes (sur-tout ceux qui possedent plusieurs Etats) les gouvernent tous seuls, il est nécessaire qu'ils soient secondés par des Ministres, qui les aident à porter un si pesant fardeau. D'où il s'ensuit, qu'il importe extrêmement d'en avoir d'integres & d'habiles. C'est pourquoi, je veux m'étendre un peu sur ce sujet.

Les trois principales qualités que doit avoir un Ministre sont la prudence, l'amour pour son Prince, & la bonté. La prudence le rend capable de son administration: l'amour fait qu'il prend à cœur les intérêts de son Maître; & la bonté, le porte à s'acquitter avec exactitude de son Emploi.

B 3

S'il eſt imprudent, il fera pluſieurs fautes, s'il n'aime pas le Prince, il le ſervira avec négligence, & s'il eſt méchant, il ne voudra pas faire ſon devoir. Ainſi s'il n'eſt pourvu de toutes ces qualités, le Prince ne pourra pas ſe repoſer ſur lui, & ſes ſujets n'en ſeront pas ſatisfait.

Mais comme il eſt difficile d'en trouver de tels, il faut faire tout ce qu'on peut, & ne rien épargner pour les acquérir, quand on les rencontre; puiſqu'on voit par expérience que tous les Princes qui ont eu cet avantage ont gouverné leur peuple avec gloire & avec ſuccès, quoiqu'ils euſſent de grands défauts.

Qu'eſt-ce qui a rendu le Nom de l'Empereur Juſtinien immortel, ſinon l'habileté de ſes Miniſtres & la valeur de ſes Généraux, par le moyen deſquels il fit de ſi grandes choſes, & pendant la guerre, & pendant la paix?

Certainement, c'eſt une grande ſageſſe à un Prince, lorſque la nature ne l'a pas rendu aſſez accompli pour pouvoir gouverner lui-même ſes Etats, de ſavoir choiſir ceux qui en ſont capables & d'avoir confiance en eux. De cette maniere il jouit des perfections de pluſieurs perſonnes jointes enſemble, & il peut ſavoir beaucoup davantage, que ceux qui n'ont que leur propre ſcience. Mais le Prince ſe peut dire fort malheureux, lorſqu'il n'a pas la capacité de gouverner lui-même, ni la docilité de ſuivre de bons conſeils.

Un Prince pourra toujours avoir ſa Cour

pleine de grands Miniſtres, pourvu qu'il en faſſe le cas qu'il doit, qu'il récompenſe leur vertu, & leurs ſervices, ſuivant leur mérite, & qu'il n'attende pas d'en être recherché, mais qu'il les recherche lui-même.

Il n'appartient qu'à un Prince que ſa proſpérité, & ſes tréſors ont rendu inſolent, de ſe croire digne des hommages de tous les hommes, & particuliérement des plus prudens & des plus vertueux, ſans conſidérer que les perſonnes d'un mérite diſtingué ont ſouvent le cœur auſſi élevé, que ceux qui commandent à de grands Etats

De là vient qu'ils ne ſe ſoucient pas de ſe ſoumettre à autrui, & qu'ils aiment mieux vivre en liberté dans une fortune médiocre, que d'occuper les premiers poſtes auprès d'un Prince, qui n'a pas pour eux toute l'eſtime & la reconnoiſſance qui leur eſt due.

En effet, le ſavoir, joint à la vertu, eſt une eſpece de Souveraineté, & même une véritable Souveraineté. Celui qui en eſt orné poſſede les biens réels & ſolides, qui ſont inſéparables de ſa perſonne; au lieu que les richeſſes, & les autres biens de la fortune & de la nature, peuvent être détruits par le tems & par mille accidens.

Or la répugnance qu'ont les perſonnes de ce caractere à ſe donner à quelque Prince, vient de ce que pour l'ordinaire les Grands n'ont pas pour eux autant de conſidération qu'ils devroient, & qu'ils eſtiment davantage des flateurs, ou des gens qui s'inſinuent dans leur amitié par de baſſes complaiſances, que ceux qui ſont recommandables par des talens extraordinaires.

Cependant, il eſt ſûr, que l'on ne peut trop payer la vertu, & que la dépenſe que l'on fait pour acquérir un homme prudent, habile & integre, eſt une dépenſe également utile, honorable & néceſſaire, parce que quelque libéralité qu'on puiſſe lui faire, il en mérite de plus grandes, qu'on ne ſauroit mieux emploier ſon argent qu'à récompenſer ſes ſervices, & qu'il eſt impoſſible qu'un Prince, ſans le ſecours des bons Miniſtres, faſſe de grandes choſes, ou rende ſon Nom illuſtre.

C'eſt pourquoi, je vous conſeille d'attirer auprès de vous des perſonnes d'une prudence & d'une habileté conſommée, & de leur faire tous les avantages & tout l'honneur que vous pourrez, étant perſuadé qu'en de certaines rencontres, un excellent Miniſtre vous pourra être plus utile par ſes conſeils, que pluſieurs Régimens par leurs armes, & que des montagnes d'or dans vos coffres.

Ne croiez pas qu'un Prince, quelque ſage & vaillant qu'il ſoit, puiſſe ſe paſſer de bons Miniſtres, puiſque l'expérience nous apprend le contraire, & que les plus grands Princes du monde, en ont toujours eu pluſieurs. Qui eſt-ce qui en a eu davantage que Céſar, qui a été plus habile & plus brave que tous les Princes qui ont commandé à des peuples & à des ſoldats ?

On voit même ordinairement, que ſi le

Prince a de la prudence & de la valeur, ses Miniſtres ſont doués des mêmes qualités, & que s'il eſt foible, ſes Miniſtres le ſont auſſi. En effet, un excellent Prince ne peut pas s'accommoder de Miniſtres incapables de le ſeconder; & un Prince mal-habile ne ſait pas choiſir des Miniſtres habiles; car chacun aime ſon ſemblable.

Imprimez donc bien avant dans votre eſprit, mon très-cher Fils, les leçons que je vous donne touchant les Miniſtres, & il vous ſuffira à cet égard d'imiter mon exemple, puiſque j'ai employé toutes ſortes de moyens & que j'ai fait tous mes efforts, pour avoir auprès de moi, & dans mes Conſeils, & dans mes Armées, des perſonnes du premier ordre.

Outre la prudence, la fidélité, & la bonté qui ſont réquiſes dans un bon Miniſtre, comme je l'ai déjà dit, vous devez prendre ſoin que ceux que vous employerez en Italie puiſſent s'accommoder à l'humeur, & aux manieres des gens de ce pays-là. Il en doit être de même de ceux que vous envoyerez en Eſpagne, & dans vos autres Etats, car cette qualité eſt d'une très-grande importance pour l'heureux ſuccès de leur adminiſtration.

Il faut obſerver la même choſe dans le choix des Généraux de vos troupes, & conſidérer qu'il y en a qui ſont capables de commander des armées de terre, & d'autres, des armées de mer. Ainſi Annibal fut heureux ſur terre, & ne réuſſit pas ſur mer.

Combien y en a-t-il qui ſont très-propres

à gouverner certains peuples, qui ne le feroient pas à en commander d'autres? Il eſt
vrai, qu'il y a des hommes ſi accomplis,
qu'ils s'acquittent également bien de tout ce
qu'ils entreprennent; mais le nombre en eſt
fort rare : au-lieu qu'il y en a pluſieurs qui
n'ont que la prudenee & l'adreſſe néceſſaire
pour bien conduire une certaine ſorte d'affaire, & c'eſt à cela qu'ils doivent être employés. Vous devez même faire grand cas de ces
gens-là, puiſque ce n'eſt pas une petite perfection, d'exceller dans quelque emploi, &
dans quelque profeſſion. Au reſte, ne vous
repoſez pas ſur un ſeul Miniſtre; mais ayez-
en pluſieurs, & choiſiſſez-les de différens
âges, afin de donner les principales Charges
aux plus excellens, & que vous n'en man-
quiez jamais.

Prenez garde de ne pas confier les affaires
de grande importance, ſur-tout dans un tems
dangereux, à des Miniſtres ſans expérience;
car dans ces occaſions, les anciens Con-
ſeillers, & ceux qui ont été long-tems dans
le Miniſtere, doivent être préférés aux
jeunes.

Il ne faut pourtant pas qu'ils ſoient dans
la décrépitude, parce que quelque habiles
qu'ils ayent été dans la fleur de leur âge,
lorſqu'ils ſont trop vieux, ils deviennent mé-
fians, irréſolus, ſoupçonneux, timides, cha-
grins, de même que les jeunes ſont trop cré-
dules & trop hardis.

Voilà pourquoi, on doit en choiſir d'un

âge mûr, comme étant plus propres à remplir tous les devoirs de leur Emploi.

Cependant il faut aussi mettre dans le Conseil des vieillards, & de jeunes gens, parce que cet assemblage forme un concert, & une harmonie qui est très-agréable aux oreilles du Prince.

D'ailleurs, on profite de tout ce qu'il y a de bon dans tous ces âges, & ce mélange produit ce bon effet, que les jeunes gens profitent du savoir des vieillards, & que la vigueur & le feu de ceux-là, se communiquent à ceux-ci ; auquel cas les jeunes gens doivent être considérés comme des vieillards, & les vieillards, comme de jeunes gens : de même que ceux d'un âge mitoyen doivent être regardés comme jeunes, ou comme vieux, suivant que leurs qualités & leur maniere d'agir ont du rapport avec celle de ces premiers ou de ces derniers ; parce que l'on doit estimer les Ministres, non-seulement par rapport à leurs années, mais aussi eu égard à leur esprit, & à la conduite qu'ils tiennent dans l'exécution des ordres de leur Maître.

Vous ne devez pas vous contenter de savoir en général ce que vous pouvez attendre de vos Ministres, suivant leur âge, & leur condition. Il faut de plus, que vous tâchiez d'avoir une connoissance particuliere de leur humeur, & de leurs qualités ; de même qu'il ne suffit pas qu'un Général sache les regles qu'on observe dans des pays semblables à celui où il conduit son armée ; mais qu'il

doit favoir s'il eft riche, s'il abonde d'eau &
de vivres, & les autres chofes de cette nature.

Vous devez confidérer, qu'encore que
quelques-uns ayent affez de docilité & d'a-
dreffe pour s'inftruire des affaires d'un nouveau
Gouvernement qu'on leur confie, il eft pourtant rare que d'abord ils les manient avec
toute la capacité qui feroit néceffaire; car
dans le commencement, ils peuvent caufer
des défordres, & irriter les peuples en violant
leur coutume, & leurs privileges, fans penfer
que l'inobfervation des chofes qui paroiffent
de peu d'importance, peut produire de fort
méchans effets, & qu'une étincelle peut caufer
un grand embrafement.

Afin que vous puiffiez difcerner les bons &
prudens Miniftres d'avec les autres, vous
devez favoir que la prudence humaine s'acquiert en quatre manieres. La premiere eft
l'expérience des chofes du monde, & à caufe
de cela on dit que qui pratique beaucoup
apprend beaucoup. Ainfi plufieurs Princes,
par la grande quantité d'affaires qui leur
paffent par les mains, & par le moyen des
audiences qu'ils donnent & des confultes où
ils affiftent, deviennent habiles fans peine.

La feconde, eft l'étude & la lecture des
hiftoires, qui nous enfeignent les événemens du
monde, les effets des paffions, & les motifs
des actions des hommes. C'eft là que l'on
s'inftruit des affaires de plufieurs fiecles, &
de divers peuples, & que fur la conduite des

autres, on se forme de bonnes regles pour le gouvernement des Etats.

On acquierre la troisieme sorte de prudence, en voyageant; car par ce moyen on connoit les coutumes & les loix de plusieurs Nations, & l'on en fait un recueil, dont on se sert dans les cas particuliers.

Le quatrieme moyen de devenir prudent, c'est de vivre long-tems : car quand on n'apprendroit, s'il faut ainsi dire, qu'une chose chaque année, à la longue on pourroit parvenir à un grand degrés de prudence.

Les trois premieres manieres d'acquérir la prudence ne peuvent guères convenir aux jeunes gens. En effet, ce n'est que dans un âge avancé que l'on a l'expérience qui est nécessaire pour se former aux affaires. Ils n'ont pas assez de jugement pour profiter comme ils devroient, de la lecture des histoires, & dans un petit nombre d'années ils ne sauroient parcourir beaucoup de pays, ni recueillir beaucoup de fruit de leurs voyages, soit parce que dans la jeunesse on ne fait pas assez de réflections sur ce que l'on voit parmi les étrangers, soit par le même défaut de jugement.

Il est visible qu'on ne peut pas non plus leur attribuer la quatrieme sorte de prudence, puisqu'on n'y parvient que par une longue vie.

Mais un jeune Prince peut acquérir facilement toutes ces quatre especes de prudence, en appellant auprès de soi un nombre considérable de personnes prudentes, de chacune de ces efpèces & en fe conduifant dans fes affaires fuivant leur confeil.

Cependant, il doit préférer à tous les autres ceux qui font verfés dans les fciences, & dans les hiftoires, fur-tout s'ils ont quelque ufage du monde, hors qu'il y en ait quelqu'un qui ait réuni en fa perfonne toutes ces diverfes fortes de prudence.

D'ailleurs, ces Miniftres doivent être capables de bien manier les affaires de la paix & de la guerre; car c'eft fur ces deux Pôles que roulent toutes les délibérations du Prince, comme il a été dit ci-deffus.

La feconde qualité que doit avoir un Miniftre eft la bonté, laquelle on peut connoître par fa bonne réputation, & par fes bonnes actions en quatre manieres, par hazàrd, par artifice, par un commencement d'habitude & par une habitude formée.

Les bonnes actions qui fe font par hazard, & par artifice, font diftinguées de celles qui procedent d'une bonne habitude, en ce que celles-là ne font jamais accompagnées d'une bonne intention, comme celles-ci, bien que les unes & les autres puiffent produire un bon effet; & parce que les fecrets du cœur font difficiles à connoître, Dieu feul fachant ce qui fe paffe dans notre intérieur, on fe trompe fort fouvent dans le jugement qu'on fait de ces actions

Mais il n'eft pas impoffible d'en faire un jufte difcernement; pourvu qu'on s'attache à les obferver avec une application continuelle ; car les premiers & les feconds ne font jamais de bonnes actions dans un bon deffein, mais les premiers, fans y penfer, & les feconds par malice ; au lieu que les troifiemes & les derniers, ont toujours de bonnes intentions.

Cependant, il y a cette différence entre les troifiemes & les derniers, que l'effet ne fuit pas toujours les bonnes intentions de ceux-là, au-lieu que ceux-ci ne manquent jamais de mettre à exécution leurs bons deffins, parce que les troifiemes n'ayant pas entierement foumis leurs defirs à l'Empire de la raifon, fe laiffent quelquefois tranfporter par leurs paffions ; mais les quatriemes, qui les ont domptées, & affujetties à la vertu, laquelle feule domine dans leur cœur, n'en demeurant pas à de fimples projets, leurs bonnes réfolutions produifent toujours un bon effet.

Quant à ceux qui font bien par hazard ou par artifice, ils font encore diftingués de ceux qui agiffent par un commencement d'habitude, à l'égard de la bonne intention ; car encore que ceux-ci ne faffent pas toujours le bien qu'ils voudraient faire, il eft néanmoins certain, qu'ils ont des bons deffeins, quoiqu'ils ne les exécutent pas toujours, & qu'on ne peut pas les accufer d'une malice expreffe fous prétexte que leur conduite n'eft pas uniforme, & qu'elle n'eft pas toujours réguliere. Mais lorfque ceux-là s'éloignent du bien, on découvre manifeftement leur méchanceté, & leur mauvaife intention.

Pour ceux qui ont une parfaite habitude de bien faire, il eſt encore plus aiſé de les diſcerner d'avec les autres, car ils agiſſent toujours avec une bonne intention, & ſuivent toujours les regles de la vertu.

De plus, ceux qui par artifice veulent paroître bons, comme ils ſont dans une crainte continuelle qu'on ne découvre leur méchanceté, ils ſont ordinairement rêveurs mélancoliques, & vivent dans des ſoupçons & des inquiétudes qui empêchent qu'ils ne goûtent un ſolide plaiſir, ni un véritable repos. Et c'eſt pour cela que Jeſus-Chriſt appelle les Hypocrites triſtes.

Mais ceux qui ſont véritablement bons & vertueux, font leur bonheur de leur bonté & de leur vertu, & ayant toujours l'eſprit tranquille, ils paſſent leur vie ſans crainte & ſans chagrin.

Outre la prudence, & la bonté, il faut auſſi qu'un Miniſtre ait de la fidélité, & de l'amour pour ſon maître. Le Prince ne manquera jamais de Miniſtres qui le ſervent fidélement, & avec affection, pourvu qu'il leur faſſe reſſentir les effets de ſa libéralité & de ſa bienveillance; qu'il les éleve à des dignités éminentes, & que par des honneurs & des récompenſes, il les engage à ſe donner entiérement à lui. Il ne faut pas qu'il ſe contente d'en obliger un ſeul; mais il eſt néceſſaire qu'il les gagne tous par les bienfaits, & il ne doit pas croire qu'il ſoit plus ſûr de ſe fier à ſes favoris, qui n'ont pas

toute

toute la prudence requife pour lui donner de bons confeils, qu'à des perfonnes habiles & vertueufes, qu'il n'a attirées à fon fervice que par le bien qu'il leur a fait; car il doit être perfuadé que ces gens-là auront pour lui une fidélité inviolable, de peur d'être accufés d'une noire ingratitude, s'ils trahiffoient leur bienfaiteur.

Un Prince qui en uferoit autrement, préférerait fouvent à un excellent & illuftre perfonnage, des gens fans mérite, qui eft la plus grande faute que l'on puiffe faire dans le choix & l'ufage des Miniftres. C'eft pourquoi, il faut que la vertu & l'habileté l'emportent auprès de vous fur toutes les autres confidérations, & principalement fur les richeffes & les autres biens de la fortune.

Quant vous aurez choifi de bons fujets, vous penferez enfuite à les enrichir, & à les ennoblir, lorfque vous trouverez qu'ils en font dignes; car plus vous aurez élevé un bon Miniftre qui fera de baffe condition, plus il vous fera redevable, & plus il s'efforcera à fe bien aquitter de fon devoir.

On doit fur-tout, lorfqu'il s'agit de récompenfer les Miniftres, prendre garde à fatisfaire leur défir, & à entrer dans leur inclination. Il y en a qui ne vifent qu'au repos & aux commodités de la vie. Plufieurs ne fouhaitent que les honneurs, & d'autres ne tâchent qu'à obtenir ce qui peut les contenter fuivant leur âge, leur profeffion, leur fortune, & leur qualité. Si l'on manque à faire ces confidé-

C

rations, il arrivera souvent que les bienfaits feront mal employés, & ne satisferont pas ceux à qui on les aura accordés.

Quelques-uns ont cru, qu'il falloit mettre de la défiance entre les Ministres; mais pour moi, je n'ai jamais approuvé ce procédé, ne pouvant pas me persuader qu'une mauvaise cause, telle qu'est la discorde, puisse produire un bon effet, & soit avantageuse au Prince. Il me semble qu'il suffit qu'il y ait un peu d'émulation entr'eux, afin qu'à l'envi ils tâchent de se rendre plus dignes des graces de leur Maître, & de mériter de plus grandes dignités, comme l'Histoire nous apprend que cela arriva entre deux Caporaux de César.

Mais il faut empêcher que cette émulation ne se change en haine, comme cela se peut faire aisément, lorsque le Prince (qui ne peut pas toujours tenir la balance égale) témoigne plus d'amitié, & fait plus de bien à l'un qu'à l'autre. Car les soupçons tourmentent celui qui est le moins favorisé, l'envie le ronge, & le dépit l'aveugle, & l'enflamme tellement, que leur mésintelligence tourne au préjudice du Prince.

Lorsque vous aurez un nombre suffisant de Ministres, vous en choisirez quelques-uns pour vos Conseillers, & vous ferez les autres vos Officiers, & vos Ministres dans vos Etats, vous servant de leur habileté, & de leurs Conseils pour gouverner vos peuples avec succès. De cette manière vous ne ferez pas sujet à

faire beaucoup de fautes, & même vous pourriez rendre votre nom immortel par votre
bonne conduite, & par vos exploits.

Prenez donc foin de faire amas d'un nombre confidérable de Miniftres, plutôt que de
toute autre chofe, quelque précieufe qu'elle
foit. Il ne faut pas qu'un Prince appréhende
qu'en fe conduifant ainfi par le confeil & l'habileté des autres, il fe prive de la gloire que
méritent les belles actions; car on en at-
tribue la principale louange, non pas à celui qui les confeille, mais à celui qui réfout
de les entreprendre, & qui en commet l'exécution aux autres.

D'ailleurs, le Prince peut agir avec tant
d'adreffe, que les délibérations de fes Miniftres lui feront attribuées; il pourra auffi dans
les occafions demander leur fentiment, fans
leur découvrir fes fecrets.

J'ai voulu m'étendre fur cette matière, parce
que j'ai cru que l'importance du fujet le re-
queroit ainfi, & qu'il eft impoffible qu'un
Prince acquière de la gloire, & gouverne bien
fes Etats, s'il n'eft fecondé par de bons &
d'habiles Miniftres. Je vous exhorte donc,
mon très-cher fils, d'employer tous vos foins
& toute votre application, lorfqu'il fera queftion de faire ce choix.

Les emplois que l'on donne pour un temps
court, ne peuvent pas caufer les ombrages &
les jaloufies que l'on conçoit ordinairement
contre ceux qui ont des Charges & des Gou-
vernemens à vie, parce que dans peu d'an-

nèes on ne peut pas s'affermir dans le poste qu'on occupe, ni se faire un grand nombre de créatures. Mais d'un autre côté, il faut considérer les inconvéniens & le danger qu'il y a sujet d'appréhender par le changement, & par le peu d'expérience des nouveaux Gouverneurs.

Cependant, pourvu que les changemens ne soient pas trop fréquens, ils sont préférables à une administration perpétuelle des mêmes personnes, parce que les peuples se dégoûtent enfin de ceux qui les gouvernent, bien qu'ils n'abusent pas de leur autorité; & que la variété leur plaît en cela, de même qu'elle est agréable en toutes les autres choses.

Il faut que les audiences soient aisées, longues, & fréquentes, parce qu'elles contentent les peuples, qui croyent se soulager en partie de leurs maux, lorsqu'ils ont la liberté de s'en plaindre à leurs Supérieurs. D'autre part, le Prince par ce moyen est instruit des affaires, des passions & des desseins de ses sujets, comme aussi de leurs intérêts: & c'est dans cette vue, de même que pour plusieurs autres raisons, qu'il doit de temps en temps parcourir ses Etats, & ses Provinces, mais non pas assez souvent, pour être à charge à ses sujets par la fréquence de ses visites, ni si rarement, qu'ils puissent s'imaginer qu'il les néglige, & que les Gouverneurs en prennent occasion de se conduire entiérement à leur fantaisie, & d'opprimer ceux qui sont soumis à leur jurisdiction.

Tâchez de donner quelque satisfaction à ceux qui ont recours à vous, & renvoyez-les au moins avec des paroles douces. Ecoutez patiemment leurs plaintes, & répondez-leur avec bénignité. Empêchez que les puissans ne maltraitent les petits. N'ayez point acception des personnes, & n'ayez égard qu'au mérite des causes qu'on porte devant vous.

Lorsque des gens d'une mauvaise réputation soutiennent une bonne cause, il ne faut pas regarder ce qu'ils sont, mais considérer les bonnes raisons qu'ils vous alleguent. Et afin que les parties qui recourent à vous se plaignant de Officiers, où les récusant comme suspects, soient d'autant mieux convaincues du tort qu'elles peuvent avoir, & qu'elles donnent un entier acquiescement à la Sentence de leurs Juges; ne faites pas difficulté de leur en accorder de nouveaux, lesquels étant joints avec les Officiers ordinaires, se trouveront d'autant plus engagés par le choix que vous aurez fait d'eux, d'exécuter leur commission avec équité.

Cependant, il faut prendre garde qu'en nommant de nouveaux Juges à ceux qui en demandent, on ne donne aucune atteinte à l'honneur & à la dignité des Officiers ordinaires; & l'on doit en ces occasions procéder en sorte, (autant que la justice le peut souffrir) que leur autorité subsiste en son entier, & qu'elle soit reconnue par les peuples de leur ressort.

Ne jugez les causes d'importance qu'après

les avoir examinées mûrement; mais expédiez promptement celles de peu de confidération, & des perfonnes miférables que vous devez prendre fous votre protection, comme font les pauvres veuves, & les pupilles. Il faut auffi mettre dans ce rang les caufes des Eglifes, celles qui regardent les Dots, les Tutelles, les Dépôts, les Alimens, les Saleres, & autres femblables, & même celles des Artifans, des Marchands, & de ceux qui cultivent la terre, parce que ces fortes de gens ne peuvent pas perdre leur temps dans les Cours, ni dépenfer leur argent à pourfuivre des procès, & qu'il leur eft plus avantageux d'être bientôt dépêchés avec quelque petite perte, que d'obtenir tout ce qu'ils prétendent, après s'être confumés en frais par les falaires qu'on eft obligé de donner aux Notaires, aux Procureurs, & aux Avocats.

Les affaires que vous pourrez juger vousmême dans une feule Audience, il faut que vous les terminiez, & que vous renvoyiez les autres à vos Miniftres, les partageant entr'eux, afin que les parties ayent une plus prompte expédition.

Dans les caufes criminelles, où il eft queftion de la vie, & d'autres peines corporelles, faites que les Juges mêlent la févérité avec la douceur, & la douceur avec la févérité, & qu'ils ayent égard aux cas, aux perfonnes, aux circonftances du lieu & du temps, à la maniere dont les actions auront été commifes, & à d'autres femblables confidérations;

car ceux qui gouvernent les Etats doivent s'accommoder aux occasions, & aux conjonctures des affaires, sans qu'ils ayent sujet de craindre qu'on puisse les accuser d'avoir acception des personnes.

En effet, pour agir suivant les regles de la prudence, & de la justice, on doit considérer la qualité des cas, & lorsqu'ils sont entiérement semblables, il faut toujours procéder de la même maniere, parce qu'il n'y a pas d'injustice à juger tantôt avec sévérité, & tantôt avec douceur, mais à rendre une Sentence différente dans de semblables circonstances.

Il est vrai, que cela semble contraire en partie à ce que l'on dit, que les Loix sont inflexibles, & immuables; mais cela s'entend de la Loi morte, qui doit toujours être exécutée suivant sa disposition, & sa teneur. Il n'en est pas de même de la Loi vivante, qui est le Prince, dont les Ministres, en faisant observer la Loi morte, doivent avoir les égards & les considérations dont nous avons parlé ci-dessus, pourvu qu'en l'expliquant, ils ne la violent pas : car le Prince & les Juges ont droit de l'interprêter, & ils doivent entrer dans l'examen de toutes les circonstances de l'affaire, pour prononcer un Jugement équitable.

Mais lorsque le Souverain, suivant son bon plaisir, sans s'arrêter à la Loi morte pour quelque considération particuliere, ou en certain cas, diminue, augmente la peine ordinaire d'un crime, ou la récompense d'une bonne action, cela ne doit pas faire une conséquence pour les autres.

Il faut que ceux qui prennent connoiffance des différends qu'il y a entre le pere & le fils, le mari & la femme, le maître & fes domeftiques, les voifins, les parens & les amis, les terminent plutôt comme Arbitres, & fans obferver les formalités de la juftice, que comme Juges rigoureux, afin d'épargner les dépenfes que les parties pourroient faire. Et du refte, on doit procéder fuivant le cas dont il s'agit, fes circonftances, & toutes fes qualités.

Prenez fur-tout garde que dans vos Tribunaux on penche plutôt du côté de la douceur, que de la févérité, & de la cruauté, hors que dans des occafions particulieres, il faille pour l'exemple & pour épouventer les méchans, faire quelque exécution rigoureufe.

Laiffez plutôt impunis les délits légers, & les crimes dont les preuves ne feront pas claires, que de condamner un innocent, pourvu que votre clémence n'invite pas les hommes au mal, & ne leur donne pas occafion de s'abandonner à des excès.

Au contraire, foyez libéral & magnifique dans les récompenfes, & lorfque vous ne pourrez par des effets reconnoitre les bonnes actions & les fervices qu'on vous aura rendus, faites-le du moins par des promeffes, & en donnant de grandes efpérances.

Enfin, qu'il vous fuffife que vos fujets vivent avec modeftie, fans donner des fcandales, & de mauvais exemples ; & ne vous amufez point à vouloir découvrir ce qu'ils font dans leur maifon. Quand leur conduite ne feroit pas tout-à-fait innocente, ne vous en formalifez pas, pourvu qu'ils péchent avec précaution, & que leurs déréglemens ne paroiffent point en public, laiffant à Dieu, qui pénetre les fecrets des cœurs , d'en faire le châtiment, lorfqu'il le trouvera à propos.

Après que vous aurez écouté une partie, gardez une oreille ouverte à l'autre, & lorf-que vous aurez pris une impreffion, n'y per-fiftez pas avec opiniâtreté, fi vous avez fujet d'en prendre de contraires.

Agiffez en forte que ceux qui auront recours à vous , qu'ils ne puiffent pas compter fur vo-tre facilité, pour vous obliger à leur accor-der ce qu'ils demandent, & à ajouter foi à leurs calomnies. Prenez garde auffi, que par votre dureté ils ne défefperent pas que vous leur faffiez raifon ; & pendant que vous ferez en colere, ou poffédé par quelque au-tre paffion, ne jugez aucune affaire, ou du moins fufpendez l'exécution de vos jugemens, de peur que lorfque vous ferez revenu à vous , on n'appelle de ces jugemens à vous-même.

Quant à votre Famille, & à votre Cour, je vous en ai parlé une autre fois ; & ce que je vous ai dit ci-deffus fuffit pour vous faire comprendre comment vous devez vous gou-verner à cet égard.

Vous aurez des gardes fuivant la coutume,

plutôt pour la pompe, & pour la magnifi-
cence, que pour le befoin, n'y ayant pas apparence qu'ils vous foient néceffaires pour
la fûreté de votre perfonne.

Les habits fomptueux dans des occafions
extraordinaires vous donneront une grande
autorité, & les habits ordinaires, fuivant
l'ufage commun, vous gagneront l'affection
du public. Vous en uferez de même à l'égard
de votre Table, & des autres chofes, prenant garde que l'excès ne vous attire l'aver-
fion de vos fujets, & que la conformité avec
eux, & une trop grande familiarité, ne les
porte à vous méprifer.

Pendant le temps de la paix, vous devez
vous attacher à des occupations dignes d'un
Prince, comme à faire des chofes utiles à
vos peuples, à réparer des Ponts, à accommoder des Chemins, à orner des Maifons,
à embellir des Eglifes, des Palais, des Places, à rebâtir les murailles des Villes, à
réformer les Ordres Religieux, à établir des
Ecoles, des Colleges, des Univerfités, des
Tribunaux de Juftice, & chofes femblables,
qui peuvent contribuer à la commodité, &
à l'avantage de vos fujets.

Mais je dois vous avertir, qu'il faut faire
toutes ces chofes, fans exiger d'eux de nouveaux fubfides, car ces charges leur font
toujours fâcheufes, quelque fin que vous vous
propofiez lorfque vous les leur impofez.

Il y a auffi d'autres confidérations concer-
nant le temps de la paix, favoir touchant

les précautions qu'on doit prendre, & les
préparatifs qu'il faut faire, afin de n'être ni
dépourvu, ni furpris dans un temps de guerre.
Mais pour ne pas confondre ces deux temps,
il me fuffit de vous dire en cet endroit, que
comme l'on fait la guerre pour obtenir une
bonne paix, il faut auffi dans la paix tra-
vailler à tout ce qui eft néceffaire pour agir
pendant la guerre avec fûreté, & avec fuccès.

Il faut maintenant, mon très-cher Fils,
que je vous entretienne de ce que vous devez
faire pendant la guerre, foit afin de pourvoir à la fûreté de vos Etats, ou de les augmenter, lorfque vous en trouverez une jufte
occafion ; car le Prince doit toujours avoir
en vue ces deux fins, la confervation & l'a-
grandiffement de fes Etats, par le moyen du
Confeil, pendant la paix, & des armes pendant la guerre.

Pour parvenir à ces deux fins, il faut qu'il
s'expofe à toutes fortes de travaux, de fatigues, & de périls ; & il doit penfer avec d'autant plus d'application aux affaires de la guerre, qu'à celles de la paix, que la guerre en-
traîne avec foi plufieurs accidens fâcheux, &
des défordres imprévus, auxquels il eft fouvent impoffible de remédier.

Outre que dans un temps de guerre on
ne peut pas fi bien faire valoir la Juftice, &
les Loix, que dans un temps de paix ; parce
que la guerre dépend entiérement de la volonté du plus fort, & eft d'ordinaire un effet

du defir infatiable de s'agrandir de la part de l'agreffeur, & de la crainte d'une puiffance formidable, de la part de celui qui eft attaqué, qui font deux paffions qui ont tant de pouvoir fur nous que ceux qui en font poffé-dés, penfent plus à obtenir la fin qu'ils fe propofent, qu'aux moyens d'y parvenir.

Or les foins de la guerre regardent princi-palement les Princes, dont les Etats font environnés d'ennemis puiffans, qui ont def-fein de l'offenfer, ou qui lui donnent de juf-tes fujets de les attaquer. Ces deux raifons me font croire que vous ne pourrez guere demeurer en repos, quand vous le voudriez : car vous avez le Turc pour voifin, & vous êtes expofé à la jaloufie des Princes Chré-tiens.

Mais vous ne devez pas être fâché d'être réduit à la néceffité de prendre les armes ; car un trop long repos vous cauferoit plus de dommage, & vous feroit plus défavanta-geux, qu'une longue guerre, étant certain que les principautés fe ruinent par l'oifiveté, comme les hommes s'ufent par la vieilleffe, & comme le fer fe confume par la rouille.

Au contraire la guerre, (fur-tout lorfqu'on a affaire à un ennemi belliqueux) conferve les Etats, comme l'exercice contribue à la fanté du corps ; & lorfqu'on met bas les armes & qu'on caffe les troupes, les peuples deviennent lâches & pareffeux.

D'ailleurs, la caufe des Tributs ne fubfif-tant pas, il faut foulager les peuples d'une partie de ce fardeau, qu'il eft difficile de leur impofer de nouveau, après qu'ils fe font defaccoutumés de le porter.

Outre que les Soldats qui ont vécu dans la licence, & le libertinage de la guerre ne peuvent qu'avec une peine extrême fe réduire à une vie réglée; & cela caufe fouvent des tumultes & des féditions dans les Royaumes.

Enfin le Prince ne peut pas compter fur la paix, ayant jufte fujet d'appréhender qu'elle ne foit troublée par l'avidité & l'ambition de ceux qui le furpaffent en puiffance, ou par l'émulation & la jaloufie de fes égaux, ou par la crainte & les ombrages de fes inférieurs. Les premiers prennent les armes pour faire des conquêtes, les feconds pour mettre leurs Etats en fûreté, & les troifiemes, pour n'être pas opprimés par les plus puiffans.

Il eft donc néceffaire que les Princes, furtout ceux qui comme vous poffedent de grands Etats, tournent leurs penfées & leur application du côté des affaires de la guerre, de laquelle ayant à raifonner avec vous, je dois vous dire que les foins qu'elle donne regardent principalement les armées, les forterffes, & leurs provifions, les Etats & leurs habitans.

Le foin d'une armée confifte à la former d'un certain nombre de troupes, à la régler par une bonne difcipline, & à y établir un bon ordre pour le combat.

Le nombre des troupes doit être affez grand

pour pouvoir réussir dans toutes les entreprises où elle sera employée; & pour cet
effet, il faut qu'il n'y ait pas trop de monde,
ni trop peu; car quand on n'a pas assez
d'hommes, on ne peut pas tenir tête à l'ennemi, & lorsque le nombre en est trop
grand, il cause du désordre.

Sur quoi les opinions ont été partagées;
mais la plupart conviennent qu'une armée
d'environ trente mille hommes de pied & de
quarante mille chevaux, est suffisante pour toutes sortes d'expéditions; & l'on prouve ce
sentiment par plusieurs raisons convaincan-
tes, & sur-tout par celle-ci, que c'est un
nombre médiocre, qui n'a rien de superflu,
ni de défectueux, qu'on contient plus facilement sous une exacte discipline une sem-
blable armée, qu'une plus grande; qu'on
la paye mieux; qu'on a moins de peine à la
pourvoir de vivres, de provisions & de tout
ce qui lui est nécessaire; qu'elle foule moins
le peuple; qu'il est plus aisé d'en faire les
recrues, & de la rétablir en bon état; qu'on
l'entretient plus commodément dans toutes
sortes de Pays, & que par conséquent on
peut toujours être sous les armes, & l'on
est en état de tenter en tout temps toutes
sortes d'entreprises. D'ailleurs, on acquiert
plus de réputation, lorsqu'on remporte la
victoire avec une armée médiocre, qu'avec
une nombreuse.

En effet, a-t-on aujourd'hui besoin d'une
grande multitude de troupes, puisque si peu

de Soldats combattent fuivant la nouvelle maniere de faire la guerre ? Et que même les anciens ne laiffoient pas de faire de grandes Conquêtes, quoique leurs armées fuffent inférieures en nombre à celles de leurs ennemis ? Alexandre-le-Grand avec une armée médiocre, attaqua & fubjugua toute l'Afie ; & Annibal avec peu de troupes eût apparemment foumis les Romains à la domination de Cartage, s'il eût eu la commodité de faire des recrues, lorfqu'il en avoit befoin, ou s'il eût fu fe prévaloir des forces des Pays qu'il fut dans la néceffité de piller.

Il eft vrai que les Romains & leurs Empereurs mettoient en campagne un nombre prodigieux d'hommes, & que les Turcs font aujourd'hui la même chofe ; mais c'eft plutôt par oftentation que par befoin, voulant par là montrer la grandeur de leurs forces, & de leur puiffance.

Qu'une armée médiocre foit fuffifante pour toutes fortes d'entreprifes militaires, on le prouve encore par deux très-fortes raifons ; l'une, qu'il n'y a point de campagne qui puiffe recevoir un corps de troupes plus nombreufes, à caufe qu'elle font coupées ou par des foffés, ou par des rivieres, ou par des lacs, ou par des forêts, ou par des montagnes, ou par d'autres chofes femblables ; & d'ailleurs, quand il fe trouveroit des campagnes capables de contenir de plus grandes armées, un Général pourroit les éviter fans peine.

L'autre raifon eft, qu'il eft néceffaire qu'un

Prince qui a deſſein, ou qui eſt obligé d'être toujours ſous les armes, ſe réduiſe à un pareil nombre de troupes, afin de pouvoir les faire ſubſiſter, & les tenir en bon état; & à cet égard on doit imiter la conduite du Turc, lequel bien qu'il puiſſe lever un nombre ſi conſidérable de gens, fait néanmoins conſiſter toute la réputation de ſes forces dans le corps de ſes Janniſſaires, qu'il peut entretenir commodément. En contenant ces ſeules troupes, il retient toutes les autres dans le devoir, au lieu qu'il lui ſeroit impoſſible de ſatisfaire toute ſa milice.

Par la même raiſon, Céſar attribuoit la gloire de ſes Conquêtes & ſon crédit à la dixieme Légion, ayant néanmoins plus d'égard pour les autres que n'en a le Turc.

Il ſemblera ſans doute à quelques-uns, que pour les garniſons, & autres ſemblables détachemens, il faut que l'armée ſoit compoſée d'un plus grand nombre de troupes. Mais celui qui ſera habile dans l'art de la guerre, pourra ſe contenter d'une ſemblable armée, pourvu que lorſqu'il ſera obligé de la démembrer, il l'augmente, & la maintienne dans le même nombre. Ainſi ce ſera toujours la même armée, comme la dixieme Légion de Céſar étoit toujours la même.

Il ne faut pas croire non plus que l'armée s'affoibliſſe par les fréquens combats, puiſqu'au contraire elle ſe rend meilleure & plus forte, les pertes en étant bientôt réparées; car par ce moyen on ſe prévaut du courage des
nou-

nouveaux Soldats, lefquels ne connoiffent pas le danger, parce qu'ils n'y ont jamais été expofés, & l'on met de juftes bornes à la valeur des Vétérans, par les fréquentes occafions où ils rifquent leur vie.

D'ailleurs, en rempliffant les places de ceux qui ont été tués dans ces actions, on récompenfe le mérite de ceux qui fe font fignalés, & on les éleve à de plus grandes charges, comme l'on châtie, & l'on couvre d'infamie ceux qui n'ont pas fait leur devoir. Enfin pour un brave qui mourra dans une bataille, deux de ceux qui font fans expérience deviendront courageux.

Après avoir ainfi réglé le nombre de l'armée, on doit lui faire obferver une bonne difcipline. Pour cet effet, il faut premiérement, qu'on prenne foin d'infpirer la piété aux Soldats, qu'ils affiftent aux exercices publics de la Religion, & qu'ils menent une vie digne de Soldats Chrétiens.

Secondement, on doit leur apprendre à obéir & à avoir du refpect pour leurs Généraux, & pour leurs autres Commandans, & tâcher de les former à la vertu, & à la valeur. On difpofe les Soldats à l'obéiffance, en la récompenfant, en la louant, en l'entretenant par l'éfpérance, de même qu'en menaçant, en blâmant, en puniffant & en flétriffant la défobéiffance. Par ce moyen, nonfeulement on les rend obéiffans, mais auffi vaillans & vertueux.

Il faut de plus, que les troupes foient dans

un continuel exercice, pendant qu'elles font en repos, & les occuper en des factions militaires, par des combats feints, afin de prévenir les maux qui procedent d'ordinaire de l'oifiveté.

Il faut auffi que les Généraux & les Commandans apprennent l'art de commander, & de fe faire obéir, avec diligence & avec exactitude ; ce qui ne leur fera pas mal-aifé, pourvu que d'un côté les Chefs traitent les Soldats comme leurs Compagnons, à l'exemple de Céfar, & qu'ils ayent tout l'égard qu'ils doivent pour leur fang, pour leur honneur, & pour leurs intérêts ; & que de l'autre, les Soldats reconnoiffent leurs Chefs pour leurs fupérieurs.

Après qu'on a mis dans cette difpofition une armée qui eft compofée d'un nombre fuffifant de troupes, il faut lui donner de bons ordres pour le combat, puifque fans cela on ne peut jamais réuffir dans aucune entreprife militaire. Certainement vous ferez une chofe digne d'un auffi grand Prince que vous le ferez, fi vous employez tous vos foins pour trouver un meilleur ordre de bataille ; que celui qui eft préfentement en ufage parmi les Chrétiens, afin qu'une armée puiffe fe rétablir, lorfque la fortune lui eft contraire.

Pour cet effet, il faut que la premiere ligne venant à plier, puiffe fe retirer fans renverfer la feconde, & celle-ci, fans choquer la troifieme, que ceux de derriere, en s'avançant pour prendre la place des premiers qui font fatigués, puiffent le faire fans défordre, & fans que ceux-ci les en empêchent; & ainfi en formant un corps de ceux qui ont plié, on pourra aller de nouveau à la charge contre l'ennemi.

Cet excellent ordre étoit une des plus grandes perfections de la milice Romaine; & vous trouverez parmi mes papiers des mémoires fur ce fujet : car j'avois fortement réfolu d'introduire cette maniere de combattre, fur-tout dans la guerre des Turcs ; mais mes autres occupations ne m'ont pas permis d'exécuter ce projet.

Certainement c'eft un défordre extrême, & une grande honte pour les gens de guerre de ce temps, que dans les armées il n'y ait que les trois ou quatre premieres files qui combattent ; & cela vient de ce que l'on ne garde pas un bon ordre, lorfqu'on range les troupes en bataille ; & fur-tout vous manquez en ce que l'on place les Bataillons, & les Efcadrons en droite ligne, chacun à part, l'un après l'autre ; & qu'ainfi il n'eft pas poffible que dans cette ligne les premiers fe retirent fans caufer du défordre parmi les autres qui les fuivent.

Pour moi, je crois qu'il vaudroit mieux que les trois corps de l'armée, favoir l'avant - garde, la bataille, & l'arriere - garde fuffent difpofés, en forte que leurs flancs fuffent à côté les uns des autres, & qu'ils fiffent comme un triangle ; que le premier

corps repréfentât la pointe, & les deux autres les côtés ; & qu'ils fuffent tellement fé-
parés & éloignés les uns des autres, que le
fecond pût s'aller pofter devant le premier
fans empêchement, & fans y caufer du trou-
ble, & que le troifieme pût faire la même
chofe, fans mettre le défordre parmi les autres. Ainfi ils fe pofteroient contre les ennemis par flanc : ce qui feroit un grand avantage, par le moyen duquel on pourroit apprendre peu à peu, fans fe tromper, comment ces corps peuvent s'avancer chacun à
petites troupes, pour charger l'ennemi dans
le même ordre, n'étant pas poffible de mettre d'abord dans un état parfait, une chofe
où l'on fait tant de manquemens, de même
que quand on invente un art, ou une difcipline, on ne peut pas tout d'un coup lui
donner toute la perfection dont elle eft capable.

On fait encore une autre faute, lorfqu'on
range une armée en bataille ; c'eft que l'on
met dans les premieres files, les meilleurs &
les plus braves Soldats de l'armée, lefquels
venant à lâcher le pied, entraînent avec eux
les autres par leur exemple, comme s'il leur
étoit permis, ou qu'ils fuffent dignes d'ex-
cufe, de ne témoigner pas plus de courage,
que ceux qui font les plus eftimés par les
Généraux ; & ainfi, la défaite de quelques-
uns caufe la déroute de toute l'armée.

Les anciens Romains avoient, à cet égard,
une meilleure conduite que nous ; car ils

compofoient le premier front de jeunes gens
très - robuftes, en y mêlant la troifieme partie de Vétérans ; & ils appelloient cette premiere troupe les (1) *Haftats.*

Dans la feconde, qui étoit compofée de
ceux qu'ils nommoient les (2) *Princes*, ils
mettoient deux parties de Vétérans, & une
autre de jeunes gens ; & dans la troifieme,
il n'y avoit que des Vétérans, appellés (3)
Triarii ; ainfi la fermeté des feconds ne dé-
pendoit pas de celle des premiers, dont la
plupart étoient de jeunes gens, ni celle des
troifiemes de la bravoure des feconds, qui
avoient auffi parmi eux de nouveaux Soldats.

D'ailleurs, le premier choc étoit vigoureux,
à caufe de la force de ceux de la premiere
ligne ; qui eft tout ce que l'on peut attendre
de la premiere furie des combattans, dans un
jour de bataille ; & cependant cette furie étoit
fuffifamment modérée par le mêlange de la
troifieme partie des Vétérans. Le fecond choc
étoit encore plus réglé ; & le troifieme faifoit paroître une valeur judicieufe, & don-
noit le dernier branle à la victoire.

L'on ne doit donc pas préférer la Phalange des Grecs, aux troupes des Romains ;
car comme ceux-ci pendant plufieurs fiecles
exercerent la profeffion des armes avec beaucoup de prudence & de fuccès, & qu'au com-

------

(1) *Haftati.*
(2) *Principes.*
(3) *Triarii.*

D 2

mencement ils difpofoient leurs armées de la même maniere que ceux-là rangeoient leur Phalange, ils euffent fans doute toujours fait la même chofe, s'ils n'euffent trouvé des défauts dans cet ordre de bataille.

Ainfi s'en étant éloignés, il eft vifible qu'ils le firent avec beaucoup de raifon, comme cela parut par les effets : car lorfqu'ils eurent affaire avec les Grecs, leur Phalange ne put jamais réfifter aux troupes Romaines.

En effet, l'ordre que les Grecs obfervoient ne tendoit qu'à infpirer aux Soldats la valeur & l'opiniâtreté dans les combats, ce qu'ils ne pouvoient faire dans l'efprit de toute une armée, la plupart de ceux qui la compofoient étant des idiots, & des gens qui avoient des inclinations baffes. Au lieu que les Romains vifoient à mettre de bonnes difpofitions dans les efprits, & à rendre en même temps la bravoure néceffaire aux Soldats, & ainfi ceux qui avoient le cœur bas agiffoient auffi bien que ceux qui combattoient par un principe d'honneur.

C'eft pourquoi, le Caporal de Scipion qui avoit été chargé de difcipliner des Soldats qui étoient deftinés à combattre l'Infanterie Cartaginoife, bien que ce ne fuffent que des buftes d'hommes, néanmoins en leur faifant obferver l'ordre des troupes Romaines, dans peu de temps, il les rendit capables de tenir tête aux Cartaginois, & même de les vaincre.

On pourra m'oppofer qu'en ce temps là

il n'y avoit point d'Artillerie, comme il y
en a préfentement, & qu'ainfi il n'eft pas
poffible d'introduire un ordre femblable avec
efpérance d'un bon fuccès ; mais comme de
part & d'autre on a de l'Artillerie ; cet ordre eft auffi avantageux aujourd'hui qu'il
l étoit avant qu'elle eût été inventée.

Outre qu'il eft vifible que l'Artillerie en-
dommageroit bien moins les troupes poftées
fur des lignes obliques, & entre lefquelles il
y a un grand vuide, que celles que l'on
place, fuivant l'ufage moderne, en droite
ligne, & qui font plus épaiffes. Joint qu'un
boulet de Canon, les troupes étant ainfi ran-
gées, peut fauter d'une ligne à l'autre.

Ajoutez à cela, que l'Artillerie manque
fouvent fon coup, & principalement lorfqu'elle
tire fur les hommes en campagne. Mais
parce que j'ai fait fur ce fujet de longs mémoires, que vous trouverez parmi mes papiers, je pafferai à d'autres chofes, après
vous avoir dit une feconde fois qu'un de vos
plus grands foins doit être de trouver un bon ordre de bataille, fi vous voulez rendre votre
Nom immortel.

Ordonnez qu'on dreffe vos Soldats à manier les armes, & qu'on leur faffe faire l'exercice ; & fur-tout, faites que les Galeres &
les autres bâtimens de vos armées navales
foient conftruits aux dépens de vos Etats,
non pas par vos Amiraux & vos Capitaines, parce que lorfque les Vaiffeaux leur
appartiennent, ils ne les rifquent pas volon-

tiers pour le fervice de leur Prince, à caufe qu'ils fondent là-deffus toutes leurs efpérances, tous leurs deffeins ; tout leur établiffement & toute leur réputation, & que d'ailleurs, lorfque ces bâtimens font perdus, il eft mal-aifé qu'ils puiffent en avoir d'autres, & réparer ces fortes de pertes. Outre que de cette façon, ils dépendront entiérement de vous, & vous ne dépendrez en aucune maniere d'eux.

Faites fouvent vifiter vos fortereffes, & renouveller leurs munitions, & leurs provifions. S'il y en a de fuperflues, commandez qu'on les ôte, & qu'on y en tranfporte de nouvelles, en cas qu'il en manque ; prenant garde de ne pas donner dans les extrêmités du trop, ou du trop peu.

Il faut auffi que les places fortes foient pourvues de bons Chefs ; & de Soldats fideles, qu'il y en ait plutôt un plus grand nombre qu'il n'eft néceffaire que moins, parce que la feule vaillance d'une bonne garnifon peut fuppléer au défaut des fortifications. Et c'eft pour cette raifon, que les Romains prenoient plus de foin de mettre de braves gens dans leurs places, que de les fortifier. Outre qu'il y doit avoir affez de Soldats ; pour réparer la perte de ceux qui meurent, ou qui défertent, pour faire les fonctions des malades, & que d'ailleurs dans l'occafion ils ne combattent pas tous.

Il faut que vous tâchiez de mettre vos frontieres en fûteté, par le plus petit nombre de forterefles que vous pourrez, pourvu qu'elles foient bien fortifiées ; & moyennant cette précaution, il ne fera pas néceffaire que vous teniez un grand nombre de troupes dans les places du dedans de vos Etats.

Lorfque vous ferez attaqué, il vaut mieux marcher à l'ennemi, & conftruire des forts en campagne pour lui réfifter, que de l'attendre dans vos places fortes. De même, lorfque vous l'attaquerez, il faut que vous entriez plutôt dans fes terres, & que vous vous y retranchiez, que de vous expofer à la fatigue & à la dépenfe d'affiéger fes forterefles.

Quand il s'agit de fortifier un Etat, il faut bien confidérer fon entiere fituation, pour favoir de quelle maniere on s'y doit prendre, & ajufter fi bien fes travanx, que le tout réponde à la partie, & la partie au tout. Cependant, quelque foin que vous preniez pour fortifier vos places, ne croyez pas que vous puifliez les rendre imprenables. Ainfi il vous doit fuffire de les mettre en tel état que l'ennemi ne puiffe pas efpérer de les pouvoir prendre par force, foit à caufe du temps & de la dépenfe qu'il faudroit employer pour s'en rendre maître, ou parce que les pertes qu'il pourroit faire en les affiégeant, n'égaleroient pas le profit qu'il retireroit d'une femblable Conquête.

Un Prince qui eft obligé d'être toujours fous les armes, doit fur-tout penfer par quelle voye il pourra fournir aux dépenfes de la guerre, & en fupporter le fardeau. Je croyois en avoir trouvé le moyen en faisant plusieurs réglemens nouveaux, mais je n'ai pas pu exécuter ce Projet.

Voici ce que j'avois résolu ; je voulois qu'on observât un meilleur ordre de bataille, de la maniere que je vous l'ai dit ci-dessus. J'avois aussi fait dessein de lever une belle & vaillante armée, composée en partie de Soldats Allemands, & en partie d'Espagnols & d'Italiens, & en cas que j'eusse été dans la nécessité de faire la guerre aux Turcs, ou aux Chrétiens, je voulois convenir avec mes troupes que toute la proye des choses publiques, qu'elles remporteroient, ou dans le sac des Villes, ou en pillant les Pays, comme l'Artillerie, les munitions, & autres choses semblables, appartiendroit à la Chambre du Prince, & le reste aux Soldats : mais que tous les vivres, toutes les provisions, tous les habits, & les autres choses qui peuvent servir à l'entretenement & à la commodité de l'armée, seroient vendues par les Soldats, & qu'ils les consigneroient à certains Officiers, qui leur en donneroient un prix honnête, suivant le réglement qu'on feroit là-dessus, & qu'on réserveroit ces choses pour l'usage des mêmes troupes, en y faisant néanmoins quelque profit honnête, qui tourneroit à l'avantage du Prince.

Ainsi les Soldats trouveroient toujours de l'argent de leur butin, & en même temps la Chambre du Prince y gagneroit. D'ailleurs, lorsqu'ils auroient besoin de ce qu'ils auroient

vendu, ils pourroient l'acheter à bon marché
des Marchands, qui fuivent le Camp, & ils
feroient affurés de ne manquer jamais des
chofes qui leur feroient néceffaires.

Je voulois auffi créer dans le Camp des Officiers & des Magiftrats, qui fuffent chargés
de recevoir en dépôt l'argent, & les effets
de prix que les Soldats leur configneroient,
pour les rendre en cas de mort à leurs héritiers, ou à d'autres fuivant leur volonté ; &
cela à l'imitation de ces Généraux, qui pour
s'affurer de leurs troupes empruntent des
Officiers de l'argent qui fert au payement de
leur armée, comme le faifoit Céfar, lequel
par ce lien attachoit les Capitaines & les
Soldats à fon fervice ; ceux-là en fe rendant
leur débiteur, & ceux-ci, en payant exacte-
ment leur folde.

Il faudroit de plus, que cet argent dépofé
portât un certain intérêt, à tant pour cent,
ce qui feroit avantageux aux Soldats, puifqu'ils auroient un lieu affuré, où ils pourroient laiffer avec profit leurs effets, lorfqu'ils
iroient en faction, pour être diftribués fuivant leur defir à qui ils l'ordonneroient. Que
s'ils n'avoient point de parens, ou qu'ils ne
difpofaffent pas de leur bien, leurs effets ap-
partiendroient à la Chambre du Prince, comme il s'obferve, fuivant le Droit Civil, à l'é-
gard de ceux qui meurent fans héritiers.

Afin de faciliter cet expédient, il faudroit
que l'on fît rompre la glace à un certain
nombre d'amis, & de perfonnes confidentes ;

après quoi, il n'y auroit point de Soldat, de Capitaine, ni de Colonel aſſez ſoupçonneux, & aſſez imprudent, pour aimer mieux porter avec ſoi tout ſon bien à ſes riſques, & s'expoſer au danger d'être pris par les ennemis, ou par les Payſans, en cas de déroute de l'armée, que de le dépoſer avec profit entre des mains aſſurées.

Au reſte, de ce profit on pourroit payer à prorata les chariots qui porteroient les hardes & l'équigage de tous les particuliers; & l'on pourroit faire ces chariots en guiſe de Gabions portatifs, afin qu'ils puſſent ſervir dans un campement ſubit, ſuivant le modele que vous trouverez dans mes Mémoires, où il y a auſſi des inſtructions ſur ce ſujet. Par là, on déchargeroit d'un grand ſoin les Soldats, qui n'auroient qu'à penſer à eux, & à leurs armes; & l'armée pourroit faire ſes mouvemens, avec plus de promptitude & de diligence.

D'ailleurs, le Prince auroit toujours en ſon pouvoir les effets de prix, & tout l'argent de l'armée, ou la plus grande partie, avec lequel il pourroit pouſſer, & continuer la guerre auſſi long-temps qu'il voudroit, & de cet argent il en reſteroit entre ſes mains des ſommes conſidérables, par la mort de ceux qui ne laiſſeroient point d'héritiers, ou qui ne feroient point de derniere diſpoſition.

Mais la principale proviſion de la guerre eſt celle des bons Soldats, des bons Chefs, & des bons réglemens, quoique le monde

donne le premier lieu à l'argent ; car lorfque
les forces d'un Prince font dans cette perfection, la guerre fe nourrit elle-même, ne
s'étant jamais vu qu'un excellent Capitaine,
qui commande une armée compofée de bonnes troupes, ait manqué de moyens pour foutenir la guerre, & pour entretenir fes Soldats.

En effet, leur butin & leur pillage leur
tient lieu de folde, le Pays ennemi leur four-
nit de vivres, l'efpérance de s'avancer les
anime, & les récompenfes les fatisfont, de
forte qu'un vaillant & fage Général, main-
tient toujours fon armée en bon état. Les
Soldats étant ainfi difpofés, il fe fie plus à
eux, à l'exemple des Romains, qu'à de gros
baftions, & à de forts retranchemens.

L'ufage de ces réglemens eft fur-tout néceffaire à un Prince qui eft dans le deffein,
ou dans la néceffité d'être toujours fous les
armes, parce qu'il ne pourroit pas fournir
long-temps aux fraix de la guerre, s'il étoit
obligé de payer fes troupes de fon argent, &
s'il ne trouvoit des reffources pour faire fub-
fifter fon armée. Car on voit par expérience,
que les guerres offenfives détruifent le Pays,
appauvriffent les habitans, & épuifent le Souverain, & que les offenfives, quelques Conquêtes que l'on puiffe faire, engagent à plus de
dépenfes, qu'elles n'apportent de profit.

Il femble qu'il eft aifé de remédier à cet
inconvénient, pourvu qu'on n'entreprenne
d'attaquer que les places dont l'acquifition eft

capable de dédommager de toutes les pertes qu'on peut faire pendant la guerre, foit
parce que plufieurs autres lieux confidérables
dépendent de ces places ou qu'elles donnent
entrée dans le Pays de l'ennemi ; mais on n'eft
pas toujours fûr de pouvoir réuffir dans ces
fortes d'entreprifes. D'ailleurs, il arrive tant
d'accidens fâcheux, & imprévus dans la guerre, qu'il eft impoffible d'en foutenir la dépenfe, fi l'on ne fe fert des expédiens que j'ai
propofés ci-deffus.

Et parce que les recrues font néceffaires
pour maintenir l'armée en fon entier, il faut
que dans vos Etats on ait foin de faire un
dénombrement de tous les jeunes gens, &
qu'on leur faffe faire les exercices militaires
comme à des Soldats, afin de pouvoir s'en
fervir dans le befoin pour augmenter vos troupes. Parmi cette jeuneffe, il faut chofir ceux
qui ont le plus d'inclination pour la guerre,
& qu'on juge les plus propres à réuffir dans
le métier des armes, & qui d'ailleurs font
d'une famille honnête, parce que l'on peut
en attendre plus de fervice que des autres.

Outre qu'ils ont plus d'honneur, qu'ils
craignent plus les peines, & qu'ils font moins
fujets à déferter, ayant laiffé dans leur maifon
des gages de leur fidélité.

Cependant, il ne faut pas prendre des Soldats dans les familles, où il n'y a qu'un en-
fant, ou que deux, pour ne pas incommoder
leurs pere & mere ; mais dans celles où l'on
peut en fournir quelques uns fans en recevoir

du préjudice, & faire en forte, que leur engage-
ment dans la milice leur apporte de l'honneur & de l'utilité ; car ils fe réfoudront avec
beaucoup de répugnance à prendre ce parti,
s'ils n'en efperent aucun avantage.

Par la grace de Dieu vous êtes maître de
plufieurs beaux & grands Etats, dans lefquels
vous pouvez lever des troupes capables nonfeulement de vous défendre, mais auffi d'attaquer les autres. Et ainfi dans toutes fortes
d'entreprifes, quelque grandes & difficiles
qu'elles foient, vous pouvez vous confier en
vos propres forces, fur-tout fi vous vivez
dans une parfaite concorde avec les Princes
de la Maifon d'Autriche ; car étant étroite-
ment uni avec eux, vous établirez votre puiffance, & vous ferez la terreur de vos ennemis, & l'appui de vos amis, puifqu'il n'y a
que votre défunion qui foit capable d'encou-
rager vos ennemis à vous offenfer, & de leur
donner moyen de vous nuire, & de remporter quelque avantage fur vous.

D'ailleurs, fi vous êtes uni avec ces Princes, vous aurez la commodité de vous fervir
des Allemands, qui font *les peuples les plus*
belliqueux & les plus braves du monde. Il
eft vrai que le mêlange de diverfes Nations
dans une armée peut quelquefois caufer du
défordre ; mais auffi fouvent il produit de
très-bons effets, pourvu qu'on fache s'en prévaloir, & faire un bon ufage de l'émulation
qu'il y a entre les Soldats de divers Pays.
Outre qu'ils ont peine à convenir enfemble,

pour faire quelque tumulte , & pour fe révolter contre leur Souverain.

Il faut fur-tout, comme je vous l'ai dit fouvent, que vous ayez beaucoup d'égard pour votre Coufin le Roi de Bohême , qui eft un Prince d'un grand courage , & d'une valeur extraordinaire , & dont l'amitié vous fera extrémement utile dans toutes les occafions.

Vous devez tenir pour une chofe conftante , que vous recevrez plus de fecours de vos parens, quoiqu'ils croyent avoir fujet de fe plaindre de vous, que des autres, quelque amitié qu'ils vous témoignent ; & parce qu'il n'y a point d'animofité fi forte & fi violente que celle qui s'allume parmi les proches, il faut que vous fuyiez avec tout le foin poffible tout ce qui pourroit caufer une rupture entre vous & ces Princes, étant perfuadé que vous mériterez plus de louange de leur céder en quelque chofe , pour maintenir la concorde avec eux , que de foutenir avec rigueur les juftes prétentions que vous pourriez avoir contr'eux.

Le Prince doit s'appliquer à la confidération de fes Etats, & de fes Pays, de leur fituation, de leurs qualités, de l'abondance, ou de la rareté des vivres, de l'eau, & du bois. Il doit auffi connoître la nature & les inclinations des habitans, & toutes les commodités des lieux, pourvoir à tout ce qui y manque, fe prévaloir de tous leurs avantages, y établir des Gouverneurs, & des Officiers capables de les bien conduire, & fur la fidélité

lité & capacité defquels il puiffe compter,
enfin envoyer de fortes garnifons dans les places fortes.

Il faut de plus, que vous vous informiez
des forces de chacune de vos Provinces,
comme auffi de leur foibleffe, pour pouvoir
y remédier, & qu'avec les mêmes yeux vous
regardiez les Etats des Princes que vous jugerez pouvoir devenir vos ennemis, afin que
vous preniez de juftes mefures, fur la com-
paraifon des lieux, des Peuples, des Coutumes, des Loix, des Miniftres, des Officiers,
des Alliés, des voifins, des attachemens, &
des inclinations des uns & des autres, & que
là-deffus vous régliez vos projets, & vos entreprifes. Car on fe conduit d'une façon fi
les Pays de l'ennemi font bien peuplés, &
d'une autre, s'il font vuides. On n'agit pas
de la même maniere lorfque l'on attaque des
Nations braves & belliqueufes, que lorfqu'on
a affaire avec des lâches, lorfque l'on veut
conquérir un Etat dont le Prince fait les dé-
lices de fes peuples, que lorfqu'on a deffein
d'affujettir à fon Empire un Souverain qui
eft haï de fes fujets.

On doit auffi confidérer la fituation du Pays
ennemi, s'il y a des plaines, des vallées, des
colines, des montagnes, s'il eft abondant ou
fertile, s'il eft riche ou pauvre, s'il y a abondance ou difette d'eau & de bois, s'il y a
plufieurs places fortes, s'il y a de bonnes
garnifons, & de quelle nature en font les fortifications, fi elles font naturelles ou faites

E

par les hommes, si les armées sont considérables par leur nombre ou par leur valeur.

D'un autre côté, le Prince doit pourvoir
à ce qui manque à son Pays, & envoyer hors
de ses Etats les denrées dont ils abondent, exa-
miner les accidens heureux & malheureux
qui peuvent arriver à son armée, & à celle de
son ennemi, afin de se gouverner dans ces événemens contraires, ainsi qu'il sera à propos.

Ayant pris ces précautions, vous pourrez
soutenir avec vigueur, & avec succès toutes
les guerres, où vous serez engagé, sur-tout si
vous joignez à la hardiesse, & à la bravoure
de vos troupes les stratagêmes, dont l'art n'est
pas moins nécessaire à un Général d'armée,
que toutes les autres connoissances qui regardent la profession des armes.

C'est pourquoi, vous devez vous appliquer
avec beaucoup de soin à apprendre cet Art;
mais il faut sur-tout savoir se servir des ruses
de guerre avec effet, & ne pas commettre à
cet égard les fautes où l'on tombe ordinairement aujoud'hui, étant certain que les stratagêmes font beaucoup d'honneur au Prince,
& au Général de ses troupes.

Quant à ceux qui regardent l'expédition particuliere de quelque parti, ou de quelque dé-
tachement, il en faut laisser le soin aux Chefs
auxquels on la commet; mais ceux qui con-
cernent toute l'armée, & qui contribuent au
succès de la guerre, & qui même peuvent la
terminer, ils doivent partir du cerveau du
Prince, & ne peuvent que lui acquérir beaucoup de gloire.

Vous ne devez jamais prendre les armes que pour un juste sujet, & que pour parvenir à une bonne & ferme paix, & même que lorsque vous ne pourrez l'obtenir que par ce moyen.

Vous devez aussi considérer que dans la guerre celui qui dépense le plus dépense le moins, parce que, comme je vous l'ai dit, la guerre se nourrit elle-même, pourvu qu'au commencement on s'y prenne d'une bonne maniere, & que dans la premiere guerre que l'on entreprend, on donne une si bonne opinion de sa conduite & de ses forces, qu'il soit aisé de juger par celle-là de celles où l'on peut être engagé à l'avenir.

Pour cet effet, dès qu'on a pris les armes, il faut agir avec une prudence exquise, & avec une extrême diligence. Il faut aussi continuer la guerre avec vigilance, & avec valeur, & la finir avec une magnanime obstination.

On doit attaquer, plutôt que d'attendre d'être attaqué; & lorsque l'on est prévenu, faire une diversion, parce qu'il y a grand avantage de porter la guerre dans le Pays ennemi.

Il faut se prévaloir avec tant d'adresse de la victoire qu'on a remportée, qu'on ne soit pas obligé de tenter de nouveau le hazard d'une bataille; & lorsqu'on a été battu, on doit empêcher autant qu'on le peut les progrès de l'ennemi, & chercher quelque occasion favorable pour avoir sa revanche.

Après vous avoir entretenu de la guerre en général, il faut vous dire quelque chose en particulier de celle que vous pourrez avoir à soutenir par rapport à la situation de vos Etats, & à vos voisins, & sur-tout de celle des Turcs, qui doit être le principal objet de vos soins, soit à cause de l'intérêt de la Religion que vous devez avoir plus à cœur que toutes les choses du monde, ou parce que cette guerre semble être la plus inévitable, & que les Infideles sont les plus dangereux ennemis que vous puissiez avoir.

Il y a apparence que le Grand Seigneur rompra plutôt avec vous qu'avec la République de Venise, parce qu'il est persuadé que s'il lui déclaroit la guerre vous prendriez d'abord le parti des Vénitiens. Au lieu qu'en vous attaquant le premier, il pourroit espérer que pour le moins ils demeureroient neutres; car il est vraisemblable qu'ils ne voudroient pas se priver des douceurs de la paix, dont ils jouissent depuis plusieurs années, sur-tout parce que les Républiques ne se résolvent à prendre les armes, que dans la derniere extrêmité, & que leur Ville & leur Pays ayant grand besoin du trafic, ils ne voudroient pas le troubler en se déclarant contre les Turcs, qui sont devenus si puissans & si formidables, qu'il semble que sans un miracle, aucun Prince ne peut renverser leur Empire.

C'est pourquoi, plusieurs croyent que les Princes Chrétiens ne peuvent leur résister qu'en s'alliant ensemble; mais ayant considéré le

peu d'effet que produifent de femblables confédérations, je vous confeille de ne vous ap-
puyer que fur vos propres forces; & je fuis
perfuadé que vous feul ferez la guerre aux
Infideles avec plus de gloire & de fuccès,
que fi vous vous joigniez à d'autres, pourvu
que vous demeuriez uni avec les Princes de
la Maifon d'Autriche.

Sur quoi la premiere chofe qu'il faut réfou-
dre, c'eft quelle forte de guerre vous devez
avoir avec les Turcs.

On prend les armes ou pour fe défendre,
ou pour attaquer, ou pour prévenir fon ennemi, ou pour faire diverfion. Il me femble
que vous ne devez pas vous tenir feulement
fur la défenfive; car ce ne feroit que vous
expofer à des dépenfes & à des pertes confidérables, fans efpérance d'aucun avantage,
s'il en faut croire les gens habiles dans la profeffion des armes, qui foutiennent que la
guerre défenfive eft la plus dangereufe & la
plus inutile, fi elle n'eft néceffaire.

Vous ne réuffirez pas non plus dans une
guerre offenfive; car comme vous ne pouvez
attaquer les Infideles que dans la Grece, &
qu'ils ont de plus grandes forces que vous
fur mer, il eft vifible qu'ils remporteroient de
grands avantages fur vous, outre qu'ils pourroient facilement faire diverfion, & que pendant que vous feriez vos préparatifs, il leur
feroit aifé de vous prévenir, bien loin que
vous puffiez efpérer de les attaquer le premier.

E 3

Vous ne devez non plus penſer à faire une diverſion, en portant la guerre dans leurs Etats, parce qu'une pareille entrepriſe ſuppoſe une guerre défenſive, laquelle j'ai déjà dit ne vous convenir nullement : de ſorte qu'il ſemble que vous devez éviter toute ſorte de guerre avec les Turcs.

Cependant, parce que c'eſt un mal néceſſaire, & inévitable, & qu'il eſt conſtant, que vous ne pourrez pas entreprendre contr'eux une guerre purement offenſive, ni vous mettre en état des les prévenir, il faut que vous vous teniez ſur la défenſive, en ſorte néanmoins qu'il faudra que vous faſſiez une diverſion, par le moyen de laquelle vous pourrez les prévenir, & enſuite la guerre défenſive ſe pourra changer en offenſive ; & cette guerre mêlée de diverſes ſortes de guerres, eſt celle que vous devez avoir contre le Turc.

Lorſque vous aurez affaire avec lui, vous devez plus compter ſur l'art & la maniere de faire la guerre, & ſur les ſtratagêmes que ſur la grandeur de vos forces. D'où vous devez tirer cette conſéquence, qu'il faut que vous ſoyiez aux écoutes ſur les occaſions favorables, afin que vous puiſſiez vous en prévaloir, & ſur-tout que vous mettiez toute votre confiance ſur l'appui du Ciel.

Mais parce que vous devez auſſi agir de votre côté, & employer les moyens humains qui pourront contribuer à vous faire obtenir le but où vous viſerez, tâchez d'entretenir la concorde avec les autres Princes de la Maiſon d'Autriche, ce qui ne peut que vous être très-avantageux, de même qu'il leur importe extrêmement d'être unis avec vous.

Lorſque vous jugerez qu'il ſera à propos de prévenir les Turcs, vous pourrez le faire commodément du côté de la Hongrie, en vous joignant avec votre Oncle, le Roi des Romains. Si dans ce Royaume vous portez la guerre loin des plaines, & du Danube, qui eſt néceſſaire aux Infideles pour faire tranſporter des proviſions à leur armée, & ſi vous vous poſtez dans des endroits, où ils ne puiſſent pas ranger commodément leurs nombreuſes troupes, vous pourrez eſpérer de les combattre avec un heureux ſuccès.

En l'année en laquelle le Turc fera quelque mouvement, il faudra que vous demeuriez ſur la défenſive, & que vous tâchiez de gagner du temps : & ſi dans une autre, il ne peut pas faire marcher contre vous des forces conſidérables, à cauſe qu'il n'aura pas pu faire tous ſes préparatifs, & amaſſer tous les gens qu'il veut employer contre vous, il faut que vous fortifiiez le Pays où il a deſſein de pénétrer, & que vous mettiez vos places en état de défenſe.

Lorſqu'il ſe repoſe, vous devez l'attaquer, & lorſqu'il ſe met en campagne pour porter la guerre dans vos Etats, il faut que vous vous contentiez de vous défendre. De cette maniere, vous le contraindrez ou à faire toujours de grands armemens, à quoi il ne pourra pas fournir, ou à ſe réduire à des armées moins nombreufes, & par conféquent à changer la maniere de faire la guerre, ce qui fera à votre égard une efpece de victoire. Et parce que fi vous en remportiez une entiere contre ces fiers ennemis, leurs armes pourroient dans la fuite aller en décadence, il faut employer tous vos foins, & faire tous vos efforts pour en venir à bout, ce que vous ne pourrez faire qu'en ufant de ftratagême, & qu'en les ferrant dans les lieux étroits, comme je vous l'ai déjà dit : & c'eft ainfi qu'on les a vaincus dans l'Albanie.

Il faut auffi avoir de l'Infanterie, qui foit affez forte pour choquer & faire plier leur Cavallerie, laquelle étant la plupart defarmée, peut-être facilement mife en déroute. Il faut de plus que les Efcadrons attaquent les Janiffaires dès le commencement du combat, laiffant en même temps un affez bon nombre de troupes pour tenir tête aux autres, parce que leur coutume étant de fe fervir de Janiffaires, comme d'un corps de réferve, ils demeureroient confus d'une femblable nouveauté ; & l'on les mettra par ce moyen en défordre.

Avant que de finir cette matiere, je dois encore vous dire, que vous réuffirez mieux dans la guerre contre les Turcs, en conftruifant des forts à la campagne, qu'en tenant vos troupes dans des lieux habités. Car de cette maniere, vous pourrez entre couper, & fubjuguer plus facilement & avec moins de perte les Pays que vous attaquerez, quelque grands qu'ils foient, comme fit Céfar dans les Gaules : & fi une fois vous pouvez remporter quelque avantage fur les Infideles, il y a apparence que les peuples qui font mal fatisfaits du gouvernement du Grand Seigneur, fecoueront le joug pefant fous lequel ils gémiffent. Et il faut efpérer que Dieu vous tendra la main, pour vous aider à rétablir la Religion Chrétienne dans les Etats d'où elle eft bannie depuis fi long-temps.

Vous devez auffi penfer à la guerre contre le Roi de France, qui eft un ennemi redoutable, à caufe que fes Provinces font contiguës les unes aux autres, & qu'il a de puiffans Alliez, fur-tout en Italie, où votre grandeur a caufé beaucoup de jaloufie. Mais outre que les ligues produifent peu d'effet, vous devez être affuré que toutes les fois que vous l'attaquerez dans fon Royaume, comme vous pouvez le faire commodément en divers endroits, vous l'empêcherez de faire aucune entreprife contre vous en Italie, ni ailleurs.

Il eft vrai, qu'il fait la guerre en ce Pays-là avec grand avantage, à caufe de l'inclination qu'ont pour lui les peuples, qui font amoureux de la nouveauté, & que fans rifquer beaucoup, il y peut faire des Conquêtes confidérables.

Mais vous pourrez les chaffer d'Italie, en vous poftant dans deux ou trois forts entre Turin & les Alpes pour leur couper le paffage de France, & pour les contraindre à entretenir toujours de fortes garnifons dans cette

Ville, où il sera impossible qu'ils se maintiennent, étant privés des munitions & des vivres qu'on leur apporte de ce Royaume là.

Lorsque vous voudrez les attaquer en France, vous pourrez le faire avec succès en deux manieres. L'une est, de prévenir les François en vous armant promptement, comme vous en avez la commodité, & de pénétrer dans les entrailles de ce Royaume, où vous pouvez vous maintenir, & vous pourvoir de vivres avec une grosse armée; & avant qu'ils se mettent en campagne, il faut y faire une place d'armes, & ensuite vous élargir, entrecoupant le Pays avec de forts construits à la campagne.

Etant ainsi posté, avec le temps vous trouverez occasion de leur donner quelque échec considérable, & le bonheur d'une journée, ou quelque heureux succès de vos armes, vous pourra rendre maître d'une partie de la France, qui vous facilitera la Conquête du tout, n'étant pas possible d'envahir un si grand Royaume d'un seul coup.

C'est beaucoup de commencer à diminuer une puissance égale, ou presque égale à la nôtre; & si ce que vous lui ôterez augmente votre portion, quelque peu considérable qu'il soit, il fait dans peu de temps une grande inégalité.

Si dès le commencement j'eusse su ce que l'expérience m'a appris, dans les expéditions que j'ai faites contre ce Royaume, j'y aurois pu faire de grands progrès ; mais peut-être la gloire vous en est réservée.

Lorſque vous aurez formé le deſſein d'entrer en France, il n'y a qu'un ſeul cas qui
puiſſe vous empêcher de l'exécuter, ſavoir,
ſi les François remuoient les premiers en Italie,
car étant une fois engagé en ce Pays, vous
ne pourriez pas penſer à les inquiéter dans ce
Royaume, où il faut néceſſairement une groſſe
armée pour obliger le Roi d'augmenter la
ſienne, & pour l'empêcher de penſer à d'autres
choſes.

Mais on peut apporter deux remedes à cet
inconvénient ; le premier d'être bien armé en
Italie, pour paſſer de là dans le Royaume de
France, le ſecond, de menacer de bonne heure
que l'on veut attaquer le Roi dans ſon Pays,
afin qu'il ne penſe pas aux affaires d'Italie,
car il a plus d'intérêt à conſerver ſon Royaume, qu'à conquérir de nouveaux Etats.

L'autre maniere d'attaquer le Roi de France, eſt de combattre ſur ſes frontieres, & de
s'emparer de ſes places fortes. Mais en prenant
ce parti, il faudroit employer trop de temps,
& s'engager à de trop grandes dépenſes, pour
faire des Conquêtes conſidérables. Il eſt vrai
que l'on pourroit ſe rendre maître des lieux
qui donneroient entrée dans le Pays, & qui
ſerviroient à y faire des progrès : mais cependant le premier moyen eſt plus ſûr, & celui
dont on ſe peut promettre le plus de ſuccès.

Il faut ſur-tout prendre garde, que quand
on a pris un parti on le ſuive conſtamment,
car il vaut mieux exécuter le premier projet
qu'on a formé, que de changer de deſſein.

Quand j'attaquai la France du côté de Landreci, j'avois résolu d'entrer dans le cœur de ce Royaume avant que les Suisses arrivassent ; mais la facilité que j'eus à m'emparer de la premiere place que j'assiégeai, me fit prendre d'autres mesures, & m'engagea à attaquer d'autres places, dans l'espérance que j'eus d'emporter toutes les Villes fortes, avant l'arrivée du Roi. Mais comme elles firent plus de résistance que je n'avois cru, il eut loisir d'augmenter ses forces, & de se mettre en état de me contraindre à m'en retourner, & à consentir à l'accord qu'on fit ensuite pour donner couleur à ma retraite.

Il faut de plus, prendre garde de n'attaquer aucun lieu, où il faille employer beaucoup de tems & de forces, hors que vous y eussiez quelque intelligence, & que vous sussiez qu'il y eut faute de vivres & de munitions de guerre, ou de Soldats & de bons Capitaines, ou que les peuples y fussent mal disposés envers le Souverain, tellement que vous puissiez être assuré de vous en rendre maître sans peine ; autrement, on donne temps à l'ennemi de se renforcer ; & d'ailleurs, il est mal-aisé qu'une armée nombreuse, pendant un long siege, puisse avoir les vivres dont elle a besoin, sans avoir auparavant une place d'armes.

Lorsque j'entrai en Provence, la faute que je fis d'assiéger Marseille fut cause du mauvais succès de cette expédition, & des dangers où je fus exposé dans ma retraite ; & ce

qu'il y eut de pis, c'eſt que le péril où ſe
trouva le Roi François lui fit ouvrir les yeux,
& l'obligea de paſſer les Alpes, de s'aller poſ-
ter à Turin , & d'établir le ſiege de la guerre
dans le Piémont, où les troupes Françoiſes
ont toujours remporté depuis ce temps-là de
grands avantages ſur les Eſpagnols. Par
cette voye les François ont détourné la guerre
du Royaume de France, outre le crédit
qu'ils ont aquis auprès des Princes d'Italie ;
& s'ils euſſent ſu ſe prévaloir de leur bonne
fortune , ils euſſent pu nous dépouiller d'une
bonne partie des Etats que nous y poſſé-
dons.

Tâchez donc de les attaquer dans leur
Royaume , & de les prévenir ; & lorſque vous
ne pourrez pas le faire , agiſſez de tout votre
pouvoir pour les éloigner de l'Italie , où vous
avez peine de refaire vos armées. Outre que
lorſqu'ils y remportent quelque victoire, ils
encouragent les Princes d'Italie, & ſur-tout
les Vénitiens , à former de nouveaux deſſeins.

C'eſt pourquoi, vous devez employer toutes vos forces pour recouvrer Sienne ; ce qui
ne vous ſera pas mal-aiſé , parce que le Duc
de Florence , à qui le voiſinage d'une ſi puiſ-
ſante Nation donne de l'ombrage , favoriſera
cette entrepriſe.

Etant maître de cette place, vous empêcherez que les Princes d'Italie ne penſent à
aucun changement , & ce qu'il y a de plus
important, vous romprez les attachemens
qu'ils ont avec la France, en laquelle ils

mettent toute leur confiance, parce qu'ils voyent les François dans le centre de cette Province ; au lieu qu'ils ne compteroient pas fur eux, fi l'on pouvoit les renvoyer dans le Piémont, & fur-tout fi l'on les obligeoit à repaffer les Alpes.

Il vous fera très-avantageux d'être informé de l'humeur & des inclinations des principaux Miniftres du Roi de France, afin de vous en prévaloir dans les affaires que vous aurez à traiter avec cette Couronne ; & fi dans la fuite, par le moyen de quelque mariage, ou de quelque Traité, vous pouvez lui ôter le Piémont, fermez les yeux à toutes fortes de confidérations, pour en venir à bout.

Sur-tout employez toute votre adreffe pour obliger les François à quitter les armes, & à demeurer en repos, parce que pendant la paix il vous fera facile de caufer des tumultes dans ce Royaume ; & fi vous trouvez occafion de vous prévaloir de ces troubles inteftins, ne la laiffez point échapper.

Un des meilleurs effets que pourront produire ces défordres, c'eft que pendant que les François feront occupés chez eux, ils ne pourront pas vous inquiéter en Italie, où eft le plus fort nerf de votre puiffance, & qui doit être le principal objet de vos foins.

Avant que les François poffédaffent le Piémont, vous n'aviez pas tant d'intérêt à veiller fur l'Italie, que vous en avez à préfent. C'eft pourquoi, dans les Traités que vous ferez avec eux, appliquez-vous entiérement à les détacher de ce Pays-là, parce que cela vous fera beaucoup plus avantageux, que si du côté de la Flandre vous leur ôtiez la troisieme partie de leur Royaume.

Puisque nous sommes entrés dans les affaires d'Italie, j'ajouterai à ce que j'ai déjà dit, qu'il faut que vous soyez toujours prêt à défendre le Pape, le siege Apostolique, les Cardinaux, les Evêques, les Prélats, & le Clergé, de même que la sainte Foi Catholique.

Dans la promotion des Souverains Pontifes, empêchez qu'on ne prenne des voies obliques, & peu Chrétiennes, vous devant être indifférent lequel qu'on choisisse, pourvu qu'il soit digne d'un si haut degré ; car s'il a les qualités requises pour gouverner l'Eglise, en lui rendant l'honneur que vous lui devez, vous ne manquerez pas de gagner son affection.

Les Etats de l'Eglise sont situés au milieu de l'Italie, & ils sont tellement environnés des vôtres, que l'on peut dire, qu'ils leur font comme une Couronne. Ce qui doit contribuer à entretenir une étroite union, & une bonne correspondance entre vous & les Papes.

Les Cardinaux qui seront dans vos intérêts vous aideront aussi à gagner leurs bonnes graces, & à vous insinuer dans leur amitié. Pour cet effet, vous devez tâcher de vous acquérir le plus grand nombre de Cardinaux que vous pourrez, tant des vieux, que des jeunes, comme il vous sera aisé de le faire, en les prévenant par honneur, & en leur accordant des bénéfices.

Il faut fur-tout mettre dans vos intérêts les favoris des Papes & leurs proches. Mais le principal eft de ne leur faire aucune demande qui ne foit appuyée fur la juftice ; & dans les chofes de grace, ne vous fondez que fur la bonté & la clémence du Saint Pere.

Permettez à la Cour de Rome de fe prévaloir de toutes les commodités de vos Etats ; & fi vous êtes dans la néceffité de rompre avec le Pape, faites que tout le monde connoiffe que ce n'eft pas par votre faute, & que vous êtes prêt d'entendre toutes fortes de propofitions d'accommodement, aimant mieux terminer votre différend par l'entremife de vos amis communs, que par la voie des armes, & agiffez en forte, que les effets répondent à vos paroles.

Quant aux Vénitiens vous pouvez vivre en paix avec eux, dans l'efpérance que fe confumant peu-à-peu, ils feront bientôt la proie de quelque Prince belliqueux, qui les affujettira fans peine. Mais fi vous trouvez à propos de rompre avec eux, attaquez les brufquement, fans leur donner le temps de fe mettre en défenfe, & de faire des préparatifs de guerre ; car comme il y a long-temps qu'ils font en repos, & qu'ils ont entiérement oublié le métier des armes, il y a apparence que vous remporterez de grands avantages fur eux avant qu'ils fe réveillent de l'oifiveté dans laquelle ils vivent, où qu'ils fe réfolvent à faire les dépenfes néceffaires pour vous réfifter,

réfifter, & qu'ils ayent repris les exercices de la guerre.

Lorſque vous les voudrez attaquer, faites tous vos efforts pour pénétrer dans le cœur de leurs Etats, afin de les contraindre à mettre de groffes garnifons dans les places fortes, parce qu'après cela, ils ne pourront plus tenir la campagne : & tâchez de favoir fi quelqu'une de ces places manque de Chefs, ou de Soldats, ou de provifions, ou s'il y a des gens mal-fatisfaits du Gouvernement de la République, afin que vous puiffiez vous en prévaloir. Lorſque vous en aurez pris une, pourvu que vous traitiez bien les Habitants, & les troupes qui y feront, vous pourrez par ce moyen engager les autres à fe rendre à vous.

Si vous êtes Maître de la Campagne, toutes les places qui ne feront pas fortifiées, (dont le nombre eft toujours le plus grand dans tous les Etats) feront en votre puiffance, lorſqu'ils fe mettent en état de vous donner bataille, ce qu'ils ne pourront faire qu'avec un grand défavantage, n'ayant que de nouvelles troupes.

Prenez garde qu'en Italie aucun autre Prince ne devienne trop puiffant, quand même il feroit dans votre dépendance ; car il ne faut pas avoir moins de foin de tenir les amis dans les termes d'une grandeur médiocre, que d'abaiffer fes ennemis. Il faut toujours fuppofer que ceux qui font les plus attachés à vos intérêts, feront les premiers à fe déclarer contre vous, si vos affaires commencent d'aller en décadence, ou s'ils y trouvent leur avantage.

Vous devez aussi compter, que toutes les puissances d'Italie désirent qu'il y ait un Duc particulier à Milan, & un Roi à Naples, & qu'ainsi ils voudroient bien demembrer ces États de ceux de la Couronne d'Espagne. Mais vous pourrez facilement empêcher que cela n'arrive, en mettant & en fomentant la division parmi les Princes de ce Pays-là, en y entretenant de bonnes troupes, en y envoyant d'habiles & de prudens Ministres, en bien traitant les Peuples, & en vous tenant bien uni avec les Papes. Car en Italie, on ne peut vous nuire que par le moyen des ligues, sur-tout si vous pouvez chasser les François au-delà des Alpes. Or il vous sera aisé de découvrir les Traités qu'on aura faits contre vous, de les éluder, & de désunir les puissances alliées ; & quand vous n'en pourriez pas venir à bout, vous savez qu'on n'a pas grand sujet de s'allarmer de ces sortes de confédérations.

J'aurois encore à vous parler de l'Italie en général, & en particulier de chaque Etat de ce Pays, & à raisonner touchant les affaires d'Angleterre, d'Allemagne, de Flandre & des Suisses. Mais parce qu'il est tard, & qu'autrefois je vous ai entretenu au long de ces choses, je finirai ce discours en vous disant, que si suivant les avertissemens que je viens de vous donner, vous faites paroître de la vertu & de la magnanimité dans toute votre conduite, vous montrerez que ceux-là se trompent qui attribuent à la fortune les heureux succès des hommes. Il est vrai, que César & les autres prudens & vaillans Capitaines de l'antiquité, ont semblé donner dans cette opinion. Mais ils ne l'ont fait que pour s'acquérir une plus grande estime, & qu'afin qu'on les regardât avec vénération, comme des personnes que le Ciel, par une grace particuliere, avoit choisies pour faire des exploits extraordinaires. Je prie Dieu que tout ce que vous entreprendrez réussisse pour sa gloire, & qu'il vous comble de ses bénédictions, comme je vous donne la mienne.

FIN.